귀납적 52주 구역공과

치유와 성장이 있는 구역예배

21세기 구역공과 편찬위원회

하나님의 사람을 만들어 가는 엘맨 ELMAN

귀납적 52주 구역공과
치유와 성장이 있는 구역예배

초판1쇄   2025년 1월 1일
지은이   21세기 구역공과 편찬위원회
펴낸이   이규종
펴낸곳   엘맨출판사
등록번호   제13-1562호(1985.10.29.)
등록된곳   서울시 마포구 토정로 222
             한국출판콘텐츠센터 422-3
전화   (02) 323-4060, 6401-7004
팩스   (02) 323-6416
이메일   elman1985@hanmail.net
             www.elman.kr

ISBN   978-89-5515-788-8 03230

값 8,000 원

귀납적 52주 구역공과

치유와 성장이 있는 구역예배

21세기 구역공과 편찬위원회

하나님의 사람을
만들어 가는

엘맨
ELMAN

목차

책을 내면서

아침저녁으로 울던 귀뚜라미 소리도 자취를 감추고 찬바람만 불어오는 계절이다. 새로운 세기를 맞았다고 기대와 우려의 소리가 섞여 들리던 날. 그러나 하나님을 믿는 우리는 하루하루가 새로운 기회임을 잊지 말자.

우리는 생명길로 가야 한다. 우리는 좁은 길, 영생의 길, 십자가의 길로 가야 한다. 예수 십자가와 더불어 내가 죽으면 영안이 열리고 기적을 낳는 살아있는 엄청난 믿음의 비밀들을 발견하게 될 것이다.

유월절 피가 문에 뿌려질 때 민족의 문제가 해결되었다. 우리 가슴에도 예수의 피가 강물처럼 흐른다면 우리의 문제는 한순간에 사라질 것이다. 이제 우리의 삶이 능력의 삶이 되어야 하지 않겠는가? 또다시 의미 없고 성장 없는 한 해를 보낼 수는 없지 않은가? 이제 우리는 나무의 뿌리까지 뽑아내는 능력의 기도, 완전한 기도를 드리는 성도가 되자. 십자가를 통하여 창조자의 형상까지 닮아가는 완전한 회복의 삶을 살자.

이 구역공과는 우리의 삶을 성장시키고 풍성한 열매가 있게 할 것이다. 이 구역공과를 통하여 생명의 예수님이 우리 심령에 가득히 자리잡게 될 것이다. 어둠의 세력이 물러가고 생명의 빛이 우리의 가정과 교회에 가득하게 될 것이다. 끝으로 이 책을 출판해주신 엘맨출판사 이규종 사장님과 편집진에게 감사를 드리며 출판의 기쁨을 이 책을 이용하시는 목회자와 성도님들과 함께 나누고 싶다.

21세기 구역공과 편찬위원회

1월
새롭게 출발하는 달

"두려워하지 말라 내가 너와 함께함이라 놀라지 말라
나는 네 하나님이 됨이라 내가 너를 굳세게 하리라
참으로 너를 도와 주리라
참으로 나의 의로운 오른손으로 너를 붙들리라"

(사 41:10)

제1과
진실한 믿음으로 나아갑시다

본문말씀 : 마가복음 5:25-34 / 찬송 : 550, 384, 449장

새해가 밝았습니다. 올해도 더욱 믿음으로 열매맺는 우리 구역 식구 되기를 기도합니다. 그리스도인은 믿음, 소망, 사랑이 있어야 합니다. 오늘은 먼저 믿음에 대하여 생각해 보겠습니다. 성경에서는 "믿음"이란 단어가 퍽 넓게 쓰이고 있습니다. 우선 명사로 쓰이는 "믿음"과 동사로 쓰이는 "믿는다"는 서로 다릅니다. 먼저 구원을 얻기 위한 믿음은 명사로 쓰이는 믿음인데 이것은 "행위"의 반대말입니다. 이때 믿음이란 어떤 진실된 사실을 "안다"(know)는 것입니다. 이때 쓰이는 믿음이란 영어 단어는 "faith"인데, 이것은 어떤 사실에 기초한 신념이나 확신을 말합니다. 어린이가 자신의 부모를 전적으로 믿는다 할 때 "믿음"(faith)이란 단어를 쓰는 것입니다.

1. 믿음은 행위의 반대말입니다.

믿음이란 단어는 대상과 그 대상에 대한 인간의 행동적 동의와 더불어 우리의 행동을 형성합니다. 그러나 성경이 말하고자 하는 믿음은 믿는 사람의 행동 그 자체를 의미하거나 인간의 의지를 말하는 것이 아닙니다. 어떤 사실을 안다는 것입니다. 믿어야 할 대상이신 예수 그리스도와 하나님께서 우리의 구원을 위해 어떤 일을 구체적으로 하셨는지를 정확하게 아는 것입니다. 이때 믿음이란 "행위"의 반대되는 말입니다.

● 요한복음 17:3을 찾아 보십시오. 영생은 어떤 것이라고 했습니까?
성경에서 "믿음으로 구원받는다" 할 때의 그 "믿음"은 "율법의 행위로 구

원받는다"의 반대되는 말입니다.

● 에베소서 2:8-9을 외우십시오. 꼭 외워야 합니다. 그 뜻이 무엇인지 당신이 이해한 내용을 한번 적어보십시오.

2. 믿음은 사실을 아는 것입니다.

마가복음 5:25-27에 보면 예수님의 능력에 대한 여러 가지 소문이 전 이스라엘에 퍼져 나갔습니다. 그러자 많은 병약한 무리들이 예수님의 뒤를 따랐습니다. 그런데 유독 혈루증을 앓던 여인이 나음을 입었습니다. 여인은 예수에 대한 소문을 듣고 그 무리 가운데 뒤따랐으며, 예수님의 옷자락을 잡았습니다. 예수님이 다윗의 아들, 곧 메시아이신 것을 그대로 받아들였기 때문입니다.

● 그녀가 예수의 옷에 손을 댄 이유는 무엇일까요?(28절)

예수님의 옷에 손을 대었다는 것은 그녀가 소문을 사실로 받아들였다는 것을 의미합니다. 믿음은 사실에 기초하는 것입니다. 손을 대자 그녀의 병이 그 순간에 나음을 입었습니다. 혈루 근원이 곧 말랐으며 병이 나았습니다. 여인의 고질병이 낫고, 예수님의 능력을 체험할 수 있었던 그 비결은 진실한 사실을 소문으로 흘리지 않고 그대로 믿는 믿음 때문이었습니다.

● 예수께서는 그 순간에 능력이 나가신 것을 알았습니다. 그렇다면 왜 예수께서 능력의 근원이 되십니까?(30절)

사실 1 : 예수님이 병자를 낫게 하는 기적을 베푸는 것은 자신이 하나님이라는 사실을 사람들에게 알리기 위해서입니다(33절).

사실 2 : 인자(예수님)에게는 사람을 구원하는 능력이 있음을 알리는 것입니다(34절).

숱하게 많은 사람이 예수님의 뒤를 따랐습니다. 그런데 유독 열두 해를 혈루병으로 앓던 여인만이 치료함을 얻었습니다. 왜 그럴까요? 그것은 그녀의 믿음 때문이었습니다. 여인은 예수님이 하나님의 아들, 메시아이심을 믿고 그의 뒤로 와서 옷이라도 만지면 예수 그리스도의 능력이 자신에게로 옮겨질 것이라는 확실한 믿음이 있었기 때문에 능력을 체험할 수 있었던 것입니다. 이때 믿음이란 사실을 받아들이는 것을 말합니다. 믿음이란 예수 그리스도를 하나님의 아들로 받아들이는 것입니다.

다같이 기도합시다

하나님, 아버지 올해도 더욱 믿음에 서게 하여 주세요. 우리의 구원의 주님이신 예수님에 대해 더욱 배우는 해가 되기 원합니다. 예수님의 소문을 사실로 받아들여 구원받는 사람들이 더 많아지게 하여 주시옵소서. 예수님 이름으로 기도드립니다. 아멘.

1. 반복하여 읽어봅시다.
"영생은 곧 유일하신 참 하나님과 그가 보내신 자 예수 그리스도를 아는 것(to know)이니이다"(요 17:3)

2. 지난 주 나의 생활 평가하기
100점 성도 : 새해를 믿음으로 맞이하기 위해 기도했습니다.
80점 성도 : 새해를 맞이하여 변화가 필요함을 느낍니다.
60점 성도 : 마음은 변화를 필요로 하지만 실천이 어렵습니다.
40점 성도 : 아직 아무런 계획이 없습니다.

3. 실천합시다.
새해 우리 교회에서 봉사할 분야를 생각하고 기도합시다.

4. 기도 제목을 나눕시다.
구역 식구들의 기도 제목을 서로 나누며 기도합시다.

제2과
말씀을 의지하여 나아갑시다
본문말씀 : 누가복음 5:1-11 / 찬송 : 384, 550, 449장

우리는 흔히 신앙을 이야기할 때 세상의 모든 종교는 그 근본에 있어서 똑같다고 말을 합니다. 과연 그럴까요? 그렇다면 모든 종교가 그 추구하는 바에 있어서 같은 게 있다면 무엇이고 틀린 게 있다면 무엇일까요? 기독교가 처음 시작될 즈음에 지대한 공헌을 했던 베드로의 삶속에서 우리는 무엇을 찾을 수 있을까요? 그는 갈릴리 호숫가에서 고기를 잡는 순박한 어부였는데 일약 AD 1세기의 주목받는 전도자가 되었습니다. 베드로의 여정 중 특별히 그의 출발을 살펴보면서 우리의 위치를 점검해 보기로 하겠습니다.

1. 실패를 경험했습니다.

잔잔한 바다 물결, 이제 막 수평선을 떠오른 태양, 살랑거리는 아침의 그 고운 미풍에 그물을 씻고 있는 한 무리의 어부들이 있었습니다. 그들은 흥얼거리듯 즐거운 마음으로 간밤의 피로를 씻으며 집으로 돌아갈 준비를 하고 있었습니다. 그 중에 유독 시몬이라고도 하고 베드로라고도 부르는 성질 급한 한 젊은이가 투덜대며 그물을 거두고 있었습니다. 그도 그럴 것이 그는 간밤에 한 마리의 고기도 잡지 못한 채 빈 손으로 집으로 돌아가게 되었기 때문입니다.

그때 또 다른 한 무리의 사람들이 한 사람을 중심으로 자기들의 곁으로 모여들었습니다. 그들 중 한 사람이 이야기했습니다. "배를 좀 가져오시오. 자! 이제 배를 해변가에서 좀 띄어주시오." 그리곤 그칠 줄 모르는 설교가 이어졌습니다. 베드로는 그 곁에서 넋을 잃은 듯 그분의 말을 들었습니다. 한참이 지나고 그가 이야기 했습니다. "고기가 한 마리도 없군요. 깊은 데로 가서 그물을 던져 보시오."

● 예수님이 설교를 마친 후 베드로에게 깊은 데로 가서 그물을 던지라고 말씀하셨습니다. 이때 베드로의 속마음은 어떠했을까요?

2. 말씀을 의지했습니다.

예수님의 가장 가까이에서 설교를 듣게 된 베드로는 그의 입에서 나오는 말씀의 기이함을 발견하게 됩니다. 그뿐 아니라 그분의 설교를 듣고 있는 해변가의 숱한 무리들 역시 그의 말씀의 내용에 숨을 죽이고 듣고 있었습니다. 설교를 다 마치고 그물을 깊은 데에 한 번 더 던져 보라고 요구했을 때 베드로가 그물을 던질 수 있었던 이유는 무엇일까요? 그것은 그분의 깊이 있는 말씀의 내용 때문이었습니다. 믿음은 들음으로 말미암아 생깁니다(롬 10:17).

● "말씀에 의지하여"라고 말한 베드로 대답의 뜻은 무엇일까요?

● 그가 순종함으로 얻은 결과는 놀라운 축복이었습니다. 그럼에도 불구하고 그는 전혀 다른 고백을 하였습니다. 그의 고백은 무엇이었으며 그의 깨달음은 어떤 것이었습니까?

베드로의 고백

예수에 대한 깨달음
자신에 대한 깨달음

기독교의 시각은 결코 인간이 스스로 노력해서 자신을 완성한다고 이야기
하지 않습니다. 오히려 하나님 앞에서 철저하게 자신의 부족과 죄인된 모
습을 발견하고 온전히 그의 삶의 방식대로 살겠다고 고백하는 데서 시작됩
니다. 만약 우리의 신앙이 그분의 신성 앞에서 우리의 부족함을 고백하지
않는다면 결코 성경이 말하는 기독교 신앙의 핵심에 근접할 수 없습니다.
베드로는 가장 가까이에서 예수님의 설교를 듣고 복음을 접하게 되었습니
다. 이것이 예수님을 새롭게 인식하는 계기가 되고, 다시 한 번 그물을 던
지라고 하는 명령을 받고 갈등하는 가운데 순종할 수 있는 힘이 되었습니
다. 그 순종은 즉각적으로 복을 안겨다 주지만, 복 너머에 있는 예수님의
신성을 깨닫고, 그의 의심과 부족을 내어놓고 솔직히 고백하는 일이 이어
집니다. 베드로는 이 일 후에 예수를 좇는 일등 제자가 되었습니다.

● 베드로와 같은 유사한 경험이 있는지 서로 토의해 봅시다.

● 베드로의 출발을 살펴보면서 당신은 무엇을 깨닫습니까?

다같이 기도합시다

하나님 아버지, 우리를 그리스도의 제자로 불러주시니 감사합니다. 베드로와 같이 저희들도 주의 말씀을 믿고 이렇게 믿음을 얻게 되었습니다. 베드로처럼 우리도 말씀을 체험하게 도와주옵소서. 그리하여 온전한 주의 제자로 한 해를 살아가게 도와주옵소서. 예수님의 이름으로 기도드립니다. 아멘.

1. 반복하여 읽어봅시다.

"시몬이 대답하여 이르되 선생님 우리들이 밤이 새도록 수고하였으되 잡은 것이 없지마는 말씀에 의지하여 내가 그물을 내리리이다 하고"(눅 5:5)

2. 지난 주 나의 생활 평가하기

100점 성도 : 계획을 세우며 한 주를 보냈습니다.
80점 성도 : 새로운 해를 맞아 경건한 삶의 필요를 느낍니다.
60점 성도 : 변화를 위한 시도는 어려웠습니다.
40점 성도 : 계획도 세우지 못했습니다.

3. 실천합시다.

새해의 계획을 다시 한번 점검하고 보완합시다.

4. 기도 제목을 나눕시다.

구역 식구들과 함께 기도 제목을 서로 나누며 통성으로 기도합시다.

제3과
능력 있게 나아갑시다

본문말씀 : 마태복음 14:22-33 / 찬송 : 347, 449, 94장

과연 사람이 물 위로 걸어갈 수 있을까요? 그렇게 된다면 정말 토픽 뉴스감이 아닐 수 없습니다. 만약 우리가 오늘 이 사건을 기자적인 안목에서 보도한다면 무엇이라고 알리겠습니까? 이 사건을 단순히 기상천외한 놀라운 사건으로만 취급한다면 그것은 대단히 슬픈 사실입니다. 왜냐하면 창조주 하나님께서는 이 사건을 통하여 우리에게 알려주고 싶은 메시지가 있기 때문입니다. 베드로를 통해 하나님의 인도하심을 살펴보고 그 메시지를 알아보겠습니다.

1. 예수님은 물 위를 걸으신 분입니다.

예수님은 열두 명의 제자들을 데리고 다니시며 그들을 가르치셨습니다. 오늘 이 사건이 있기 전에 떡 다섯 개와 두 마리의 물고기로 오천 명을 먹이시면서, 자신이 하나님이시라는 것과 백성들을 불쌍히 여기시는 분이라는 것을 친히 보여주셨습니다.

　예수님은 따로 제자들을 바다 건너편으로 보내시고, 무리들이 돌아가는 것을 본 다음 한참을 기도하셨습니다. 그리고 한밤이 되어서야 파도로 고통 당하는 그들 가운데로 나타나셨습니다.

● 제자들이 탄 배는 어떤 상황에 놓이게 되었습니까? 그때 예수님은 어디에 계셨습니까?(24절)

● 그 때 어떤 사건이 제자들의 눈앞에 일어났습니까?

2. 베드로는 물 속에 빠졌습니다.

오늘 베드로를 보면 그는 분명 처음 예수님을 만날 때처럼 믿음이 없는 자가 아니었습니다. 조금 전에도 오천 명을 거뜬히 먹이시는 예수님의 능력을 본 뒤였습니다. 그러므로 그는 자신이 능히 믿음으로 바다 위를 걸을 수 있으리라는 확신 가운데 바다로 뛰어들었습니다. 한 발, 두 발 이게 웬일입니까? 정말 꿈같이 신기한 일이 벌어지고 있었습니다. 그러나 그를 향해 내리치듯 접근해 오는 파도를 보는 순간 그만 물 속으로 빠져들고 말았던 것입니다.

그러나 예수님은 이것을 아셨습니다. 그래서 그를 일으키시고 그에게 물에 빠진 원인을 가르쳐 주셨습니다. 베드로는 이 사건을 통하여 주님만을 의지하고 바라보아야 한다는 사실을, 그리고 더욱더 주님을 경험해야 된다는 사실을 가슴 깊이 간직할 수 있었습니다.

● 왜 베드로가 물에 빠져들어 갔을까요? 그리고 그는 무엇이라고 소리쳤는지 살펴봅시다(30절).

● 물에 빠져 들어가는 베드로를 보고 예수님은 무엇이라고 말씀하셨습니까?(31절)

● 이 사건을 통해 베드로는 무엇을 깨달았을까요?

우리는 신앙의 첫발을 내디딘 후에 이내 쉽게 안주해 버리려고 합니다. 나태와 안주는 우리의 영적 성장에 크나큰 손해를 가져옵니다. 부흥회 등을 통하여 큰 은혜를 받고 난 다음 우리는 이제 다 이루었다고 생각하고 더 이상 전진하지 않으려고 하기 때문입니다. 이때 하나님은 우리 삶의 여러 상황을 통하여 우리에게 다가오십니다. 그 모든 상황을 이미 설정해 놓으시고 우리의 믿음들을 점검해 보시는 것입니다.

● 당신에게 있어 늘 물에 빠지게 만드는 '성난 파도'는 어떤 것입니까?

● 그리고 그 사건을 통하여 우리에게 주시고자 하는 하나님의 뜻은 무엇이라고 생각하는지 서로 토의해 봅시다.

다같이 기도합시다

하나님 아버지, 우리의 믿음 없음을 용서해 주시옵소서. 그리스도의 제자라고 하지만 항상 부족하여 작은 파도를 보고도 실망하고 좌절하고 무너지는 저희들의 모습을 고백합니다. 주의 말씀으로 강하게 하여 주시옵소서. 예수님의 이름으로 기도드립니다. 아멘.

1. 반복하여 읽어봅시다.
"예수께서 즉시 손을 내밀어 그를 붙잡으시며 이르시되 믿음이 작은 자여 왜 의심하였느냐 하시고"(마 14:31)

2. 지난 주 나의 생활 평가하기
100점 성도 : 나는 제자로서 전도하며 지난 한 주를 보냈습니다.
80점 성도 : 제자로서의 삶의 필요를 느낍니다.
60점 성도 : 제자로서의 변화를 위한 시도는 어려웠습니다.
40점 성도 : 내 자신이 제자라는 생각도 못했습니다.

3. 실천합시다.
나를 넘어지게 하는 인생의 파도를 이기는 한 주가 되도록 합시다.

4. 기도 제목을 나눕시다.
구역 식구들과 함께 기도 제목을 서로 나누며 통성으로 기도합시다.

제4과
예수님을 바로 알고 나아갑시다

본문말씀 : 마태복음 16:13-25 / 찬송 : 549, 546, 321장

만약 우리의 신앙이 전적으로 우리의 의지나 노력만으로 영위되는 것이라면 얼마나 힘들까요? 또 우리의 행위나 표현하는 말로써만 우리의 신앙 생활 정도가 평가된다면 그것은 또 얼마나 어려운 일일까요? 베드로가 주님을 만난 이후 이제 어느 정도 경험도 갖게 되고, 예수님에 대한 나름대로의 인식도 가능해졌습니다. 그렇지만 예수님이 왜 이 땅에 오셨는지, 왜 고난을 받으시고 처형되어야만 하는지를 모르고 있습니다. 우리 또한 이것을 바로 알지 못하면 예수님을 잘 안다고 할 수 없습니다. 베드로의 모습을 통해서 예수님이 우리에게 가르쳐 주시고 싶은 것은 무엇인지 한번 살펴보도록 합시다.

1. 예수님은 누구십니까?

유대인들은 성경의 약속대로 메시아를 기다리는 사람들이었습니다. 그러나 정작 그들 가운데 예수님이 오셔서 하나님의 영광을 나타내 보이셨지만 기껏해야 그들은 구약의 선지자 정도 이상은 생각하지 않고 있었습니다. 그리고 대다수의 유대인들은 메시아를 정치적인 개념과 결합하여 해석했기 때문에 예수님에 대한 인식이 올바를 수가 없었던 것입니다.

그러나 베드로는 비교적 바른 신앙고백을 합니다. "주는 그리스도시오 살아계신 하나님의 아들이시니이다" 라고 고백한 것입니다. 이에 대하여 예수님은 "알게 하신 이는 하나님이시며, 그 고백 위에 교회가 건설될 것이라"고 말씀하셨습니다. 그리고 그 고백만 있으면 결코 음부의 권세가 침

범치 못하리라고 약속하셨습니다.

● 사람들은 예수님을 어떤 분으로 알고 있었습니까? 그들의 인식과 베드로의 인식은 어떻게 다른가요?

예수님에 대한 사람들의 인식(14절)

예수님에 대한 베드로의 인식(16절)

2. 나는 예수님을 누구라고 부릅니까?

베드로는 조금 전에 예수님에 대한 신앙고백을 통해 칭찬과 약속을 받고서 왜 금방 예수님으로부터 책망을 받게 되었을까요? 베드로는 예수님을 메시아로, 이스라엘의 구원자로, 그리고 하나님의 아들이라는 비교적 올바른 인식을 하고 있었습니다. 그렇지만 정확히 알지는 못하고 있었습니다. 왜냐하면 예수님의 수난과 죽음에 대하여 올바로 인식하지 못하고 있었기 때문입니다. 그것은 메시아를 정치적 해방자의 개념으로 이해한 일반 이스라엘 사람들의 인식 수준을 크게 넘지 못하는 것이었습니다. 성경은 분명히 오실 메시아에 대하여 구약에 예언하기를, "그분은 우리의 질고를 대신하기 위해 죽을 것이라"고 했습니다. 그런데 베드로는 예수님의 지적대로 하나님의 일을 생각지 아니하고 사람의 입장에서만 생각하였습니다. 우리 또한 예수 그리스도에 대한 고백과 인식을 하나님 편에서가 아닌 사람의 편에서만 이해하려고 합니다.

● 예수님께서 예루살렘에 올라가 장로들과 대제사장들에게, 서기관들에게 고난과 죽음을 맞이할 것을 예언하셨을 때 베드로는 어떤 반응을 보였습니까?(22절)

● 사실 베드로는 분명히 예수님 편이었고 그분에게 충성하려고 한 말인데 왜 책망을 받았을까요?(23절)

3. 나는 예수님의 일을 제대로 알고 있습니까?

예수님이 해야 하실 일은 정치적 해방이나 제도의 개선, 또는 인간의 도덕성 회복이 아닙니다. 인간의 타락으로 인해 하나님과 끊어진 관계를 이어주기 위해 속죄 제물로 오셨음을 제자들에게 알려주시는 것이 보다 근본적인 일이었습니다. 속죄 제물로 오신 예수 그리스도를 알고 믿고 따르는 자에게는 '영생'이 있을 것이며(25절), 영생을 얻는 것이 이 세상 그 어떤 것보다도 중요한 일이라고 가르치셨습니다(26절).

● 예수께서는 제자들에게 하나님의 일을 따르려면 어떻게 해야 된다고 말씀하셨습니까?(24절)

다같이 기도합시다

하나님 아버지, 우리에게 속죄 제물 되신 예수님을 보내주시니 감사합니다. 예수님의 피 공로가 아니고는 결코 우리가 죄에서 구원받을 수 없음을 깨닫습니다. 이 은혜를 확실하게 아는 제자되기를 간구합니다. 예수님의 이름으로 기도드립니다. 아멘.

1. 반복하여 읽어봅시다.
"시몬 베드로가 대답하여 이르되 주는 그리스도시요 살아 계신 하나님의 아들이시니이다"(마 16:16)

2. 지난 주 나의 생활 평가하기
100점 성도 : 제자되기를 원하며, 말씀을 붙들고 기도했습니다.
80점 성도 : 연약한 부분을 고쳐주시기를 기도했습니다.
60점 성도 : 문제의 원인을 찾지 못하고 보냈습니다.
40점 성도 : 너무 바쁘게 한 주가 갔습니다.

3. 실천합시다.
예수님의 속죄 제물 되심을 본받아 우리도 가족을 위해 희생하며 보냅시다.

4. 기도 제목을 나눕시다.
구역 식구들과 함께 기도 제목을 서로 나누며 통성으로 기도합시다.

2월
헌신하는 달

"너희 안에서 행하시는 이는 하나님이시니
자기의 기쁘신 뜻을 위하여
너희에게 소원을 두고 행하게 하시나니"

(빌 2:13)

제5과
자기 부인을 합시다

본문말씀 : 마태복음 26:31-75 / 찬송 : 384, 550, 449장

"신앙이란 이것이다" 라고 딱 잘라 말하기가 너무 어렵습니다. 왜냐하면 그것은 우리의 이성을 초월하는 것이기 때문입니다. 그렇다고 이성적이 아니라고 할 수도 없습니다. 왜냐하면 성경은 우리의 전인격에 호소하고 있기 때문입니다. 우리는 자기를 부인함으로써 하나님께 더 가까이 나아 갈 수 있습니다. 자기 부인을 할 줄 모르는 교만한 사람은 결국 크게 넘어 지고 맙니다.

1. 위기 상황이 옵니다.

처음에 베드로는 단호하게 자신의 태도를 보였습니다. 유다가 무리들과 왔을 때 의연하게 대처했으나 결코 폭력을 쓰지 말라는 경고를 받고 예수님이 잡혀가는 것을 보게 됩니다. 그리고는 도망쳤습니다. 폭력을 쓸 수 없는 상태에서 그들은 잡혀가면 어떻게 될 것이라는 사실을 뻔히 알고 있었기 때문입니다. 만약 그 자리에 우리가 서 있었다면 어떻게 했을까요? 싸웠을까요, 아니면 묵묵히 예수님처럼 잡혀가서 형을 받았을까요? 그 이후에 베드로는 그래도 멀찍이 뒤따라갑니다. 그것은 자신의 구속에 대한 우려도 우려였지만 자신의 입으로 한 말을 지키기 위해서이기도 했습니다. 그의 마음에는 끝없는 갈등과 번민이 스쳐 지나가고 있었을 것입니다. 그는 과연 끝까지 주님께 대한 의리를 지킬 수 있을까요?

● 사람들이 어떻게 베드로를 알아보았습니까?(73절)

● 결국 베드로는 몇 번 예수님을 부인하였습니까?(75절) 그것이 의미하는 바는 무엇일까요?

2. 인간의 의지는 약합니다.

예수님은 베드로의 부인을 이미 알고 계셨습니다. 그리고 우리들 또한 부인할 것이라는 것을 아십니다. 예수님은 우리 인생들의 체질을 아십니다. 예수님은 비록 스승과 제자 사이의 신의라 할지라도 우리들은 언제든지 깨뜨릴 수 있는 연약한 인생이라는 것을 가르쳐 주시기 위해서 이 사건을 기록하도록 허락하신 것입니다. 베드로는 자신의 의지를 신뢰하고 있었습니다.

인간의 의지를 과대 평가하여 섣불리 약속을 하는 것이 우리 인간들의 모습입니다. 또 도를 닦거나 깊은 경지에 이르면 인간이 스스로 경건해질 수 있다고 믿습니다. 하지만 하나님은 그러한 인간의 행위를 가증한 것이요, 소용없는 짓이라고 하십니다. 그러므로 온전히 자기 부인을 해야 합니다. 베드로는 오늘의 사건을 통하여 철저하게 자신의 무능을 인식하게 됩니다.

● 베드로는 왜 자신의 의지를 신뢰하였을까요?

3. 우리의 모습을 바로 알아야 합니다.

참으로 신기하게 우리의 신앙은 나를 바로 인식하는 데서부터 급성장합니다. 그 진정한 나란 어처구니없게도 스스로를 다스릴 수 없는 그 연약함에 있다는 것을 의미합니다.

● 자신의 한계를 깨달았다면 계기가 되었던 사건이 있었습니까? 그 갈등 가운데서 결과는 무엇인지 서로 발표해 봅시다.

● 왜 예수님께서 당신에게 시험을 허용하실까요?

다같이 기도합시다

하나님 아버지, 우리 자신을 신뢰하고 육신을 자랑하며 살았던 우리의 모습을 고백합니다. 오직 예수님의 피 공로로 말미암아 구원받고 의로워지며 새 힘을 얻어 살 수 있음을 인정합니다. 주님만 의지하는 진실한 제자되기를 간구합니다. 예수님의 이름으로 기도드립니다. 아멘.

1. 반복하여 읽어봅시다.
"시험에 들지 않게 깨어 기도하라 마음에는 원이로되 육신이 약하도다 하시고"(마 26:41)

2. 지난 주 나의 생활 평가하기
100점 성도 : 나를 부인하고 나를 낮추며 살았습니다.
80점 성도 : 낮추며 살기를 원했습니다.
60점 성도 : 내 의지대로 행동했습니다.
40점 성도 : 나를 낮추면 손해볼 것 같습니다.

3. 실천합시다.
이번 주에는 베드로의 넘어짐을 묵상하면서 보냅시다.

4. 기도 제목을 나눕시다.
구역 식구들과 함께 기도 제목을 서로 나누며 통성으로 기도합시다.

제6과
영적 슬럼프를 극복합시다

본문말씀 : 요한복음 20:1-10, 23-29, 21:1-3 / 찬송 : 365, 364, 288장

우리의 신앙이 날마다 자라기만 하는 것은 아닙니다. 때로는 깊은 영적 침체기를 맞이하기도 하고 이제는 정말 모든 것이 끝났다고 주저앉아 버리기도 합니다. 이것을 흔히 우리는 '신앙의 회의'라고 말합니다. 믿음의 전진을 하다가 이런 일을 만나게 되면 '혹시 나는 버려진 자식이 아닐까?' 하는 두려움에 사로잡힙니다. 하지만 믿음의 사람들 모두에게도 이런 끝없는 의심과 회의가 있었습니다. 그러나 그것은 우리의 신앙의 삶을 새로이 점검해 보게 하고 더 큰 열정을 불러일으키는 계기가 되기도 합니다. 우리와 친숙한 베드로의 삶을 조명해 보면서 영적 슬럼프를 극복해 봅시다.

1. 사랑은 끝나지 않았습니다.

베드로는 예수님이 십자가에 달려 죽으신 후, 쓸쓸한 시간을 보냈을 것입니다. 그가 사랑했던 주님, 자신의 입으로 부인할 수밖에 없었고 육체 때문에 저주마저 해버리고 말았던 그였기에 그 옛날의 고백은 헛된 것이 되고 말았습니다. 그는 정조를 잃어버린 것입니다. 이제 주를 향한 그의 사랑은 끝이 났다고 생각했습니다. 그러나 베드로는 그를 향한 주님의 사랑은 끝나지 않았다는 것을 몰랐습니다.

● 마리아가 베드로에게 전한 내용은 무엇입니까?(1-2절)

● 제자들이 어떤 마음의 상태를 가지고 있었을까요?(20절)

2. 자존심을 버립시다.

베드로는 주님이 부활했음을 알았고, 속으로는 기뻐했지만, 결코 그 곳에 남아 있을 수 없었습니다. 그래서 그는 자신의 옛날 생활 터전인 갈릴리 바다로 돌아갔습니다. 그가 발길을 옮기자 동료 제자들 역시 베드로와 똑같은 심정으로 각자의 생업으로 돌아갔습니다. 그리고 속으로는 '왜 내가 좀 더 그때 강하지 못했을까?' 라는 자조섞인 한탄을 하고 있었을 것입니다. 그렇게 못내 그리운 사랑을 애써 잊으려 고기를 잡으러 떠나는 베드로의 뒷모습에서 연약한 인간의 자존심을 찾아낼 수 있습니다. 당신이라면 어떤 행동을 취했을까요? 우리의 삶 가운데서도 이러한 상황을 맞을 때가 많이 있습니다.

● 왜 베드로는 다시 고기를 잡으러 갔을까요? 과연 당신이라면 어떻게 할 것 같습니까?(21:3)

3. 우리의 삶 속에 주님은 계십니다.

부활하신 예수님은 제자들을 다시 찾으셨습니다. 그리고 베드로도 찾으셨습니다. 베드로의 마음이 어떠했을까요? 과연 예수님은 제자들의 마음 상태를 아실까요?

주님은 우리의 체질을 다 아십니다. 그런데 문제는 주님은 나를 용서해도 내 자신이 나를 용서하지 않는 것입니다. 왜냐하면 자존심이 있기 때문입니다. 그래서 주님은 "나를 따르려거든 자기를 부인하고" 라고 말씀하셨습니다. 주님은 부활하여 베드로를 찾으셨지만, 베드로 자신은 죽었던 주님이 부활하였음에도 불구하고 고개를 들지 못하고 낙향하고 말았습니다.

주님은 감당치 못할 시험당함을 허락지 아니하신다는 것을 기억합시다.

● 다시금 돌아간 삶의 현장에서 그는 어떤 소득을 얻었나요?(21:3)

● 왜 그는 아무런 소득도 얻을 수 없었을까요? 혹시 그 순간까지도 주님이 간섭하고 있기 때문이지 않을까요? 베드로의 영적 침체기에 주님이 개입하신 증거를 찾아보고 현재나 이전에 영적 침체기에 간섭하셨던 증거들을 서로 토의해 보기 바랍니다.

다같이 기도합시다

하나님 아버지, 자존심 때문에 주님을 찾지 못하고 자기 고집을 따라 살았던 저를 용서해 주십시오. 이제는 결코 육신을 자랑하며 살지 않겠습니다. 사나 죽으나 오직 예수님만을 의지하고 사는 진실한 제자 되기를 간구합니다. 예수님의 이름으로 기도드립니다. 아멘.

1. 반복하여 읽어봅시다.

"시몬 베드로가 나는 물고기 잡으러 가노라 하니 그들이 우리도 함께 가겠다 하고 나가서 배에 올랐으나 그 날 밤에 아무것도 잡지 못하였더니"(요 21:3)

2. 지난 주 나의 생활 평가하기

100점 성도 : 자존심을 버리고 살았습니다.
80점 성도 : 자존심을 버리기가 쉽지 않았습니다.
60점 성도 : 생각뿐 행동은 그대로였습니다.
40점 성도 : 자존심은 지켜야 합니다.

3. 실천합시다.

이번 주에는 영적으로 침체되지 않도록 하나님께 더욱 가까이 나아갑시다.

4. 기도 제목을 나눕시다.

구역 식구들과 함께 기도 제목을 서로 나누며 통성으로 기도합시다.

제7과
부르심에 응답합시다

본문말씀 : 요한복음 21:1-19 / 찬송 : 258, 254, 141장

우리의 신앙이 어디에 기초해 있는가를 살펴보는 것은 매우 중요한 문제입니다. 우리의 믿음이 철저하게 예수님의 사랑 안에 뿌리박고 있지 않다면 쉽게 무너져 이내 바람과 물결에 날려가거나 휩쓸려 가버릴 것입니다. 그리스도의 사랑 안에서 자라간다는 것은 바로 튼튼한 반석 위에 집을 세우는 것과 같습니다. 참으로 바른 그리스도인으로 자라기 위해, 성숙한 영적 거목으로 주님의 일을 하기 전에 선행되어져야 할 것이 무엇인지 살펴보겠습니다.

1. 주님이 찾아와 부르십니다.

예수님께서는 부활 후 세 번째 자신을 나타내셨습니다(14절). 부활하셔서 결코 제자들의 배반과 실패에 대하여 책망하지 않으십니다. 오히려 제자들의 의심과 회의에 대하여 불신의 그늘을 치워주시고, 자기 연민과 자존심에 상처를 입은 제자들의 실패에도 불구하고 오히려 그들의 필요를 채워주시기 위해 새벽 일찍 그들의 일터에 나타나셨습니다.

● 예수님은 왜 자신을 떠난 제자들에게 다시 찾아 오셨습니까?

베드로, 또 그와 함께 고기를 잡은 제자들과 갈릴리는 떼려야 뗄 수 없는 장소입니다. 고기가 잡히지 않았던 그 이상한 날 밤과 그에게 찾아오셨던

그 능력 많은 주님이 생각나는 그 곳, 또 갈릴리 여러 마을을 같이 다니며 함께 즐거워했던 추억의 장소였을 것입니다. 그런데 또 주님이 찾아오신 것입니다.

● 여전히 능력과 사랑을 보이시는 예수님 앞에서 베드로의 마음은 어떠했을까요?

우리의 실패에도 불구하고, 우리의 불신앙 또는 배반에도 불구하고 하나님의 사랑은 변함없다면 그 사랑을 믿을 수 있겠습니까? 베드로와 친구들은 밤새 수고했으나 또다시 소득을 얻지 못했습니다. 그런데 주님이 다시 찾아와 부르시는 것입니다. 그들은 결코 주님 앞으로 선뜻 나설 수가 없었습니다. 왜냐하면 알량한 자존심이 허락하지 않았기 때문입니다.

2. 주님을 사랑해야 합니다.

우리의 신앙이 만약 그리스도께 맞추어지지 않는다면 결코 최종적인 승리를 얻을 수 없습니다. 우리가 주의 일에 봉사를 하는 것도 바로 그분의 용납하심과 용서하심에 대한 감사의 표현입니다. 다시 말해 기도, 예배, 찬양, 구제, 금식, 봉사, 전도, 선교, 헌금과 같은 우리의 종교적 행위는 주님의 사랑을 대신할 수 있는 것들이 아닙니다. 베드로에게 나타난 그리스도의 부활과 그 사랑에 의해 감격되어진 사랑이 아니고서는 베드로의 자존심을 되돌려 놓지 못합니다.

● 예수님은 무엇을 물어 보셨습니까?(15-17절)

질문의 내용
질문의 횟수
질문의 이유

● 예수님의 질문에 베드로는 어떻게 자신을 고백했습니까?

● 그 고백의 의미는 무엇일까요?

● "내 양을 먹이라"고 하셨는데, 내 양은 누구이며, 어떻게 하라는 말씀인가요?

다같이 기도합시다

하나님 아버지, 항상 자신을 돌아보며 부족함을 깨닫게 해 주시고 주와 동행하는 삶의 즐거움을 깨닫게 하여 주시옵소서. 베드로를 돌아보며 우리의 연약함을 인정하게 하시고 주를 의지함으로 얻는 즐거움을 깨닫게 하소서. 예수님의 이름으로 기도드립니다. 아멘.

1. 반복하여 읽어봅시다.

"내가 진실로 진실로 네게 이르노니 네가 젊어서는 스스로 띠 띠고 원하는 곳으로 다녔거니와 늙어서는 네 팔을 벌리리니 남이 네게 띠 띠우고 원하지 아니하는 곳으로 데려가리라"(요 21:18)

2. 지난 주 나의 생활 평가하기

100점 성도 : 실패한 나를 인정하며 더욱 주를 의지하며 살았습니다.

80점 성도 : 실패 속에서도 믿음이 필요함을 깨달았습니다.

60점 성도 : 실패를 만나지 못했습니다.

40점 성도 : 너무 바쁘게 한 주가 갔습니다.

3. 실천합시다.

이번 주에는 베드로의 자존심을 묵상하면서 보냅시다.

4. 기도 제목을 나눕시다.

구역 식구들과 함께 기도 제목을 서로 나누며 통성으로 기도합시다.

제8과
증인으로 삽시다

본문말씀 : 사도행전 2:1-42 / 찬송 : 265, 259, 261장

많은 그리스도인들이 구원을 확신한 뒤에는 더 이상 성장하지 않으려고 합니다. 그러나 주님은 이제 구원받은 우리에게 복음을 전하라고 말씀하십니다. 주님께서는 그 구체적인 사랑의 표현 방법으로 주님의 어린 양을 먹이라고 하시는 것입니다.

대부분의 신앙인들이 일정 기간 성장을 계속하다가 결정적인 순간에 더이상 성장하려 하지 않는 이기적인 신앙인이 되곤 합니다. 그것은 은혜 받고 더 나은 성장에의 길을 제시받지 못한 때문이기도 하거니와 우리에게 요구하시는 하나님의 뜻을 잘 분별하지 못했기 때문이기도 합니다. 이제부터는 직접 사랑을 실천해 봄으로써 그분의 사랑을 더욱 깊이 깨달을 수 있다는 사실을 알아야겠습니다.

1. 전해야 합니다.

해마다 오순절 날이 되면 각국에 흩어져 있던 유대인들과 유대교를 믿게된 이방인들이 오순절을 지키기 위해 예루살렘으로 모여들었습니다. 그때그들은 이상한 사건을 만나게 됩니다. 그것은 제자들이 큰 소리로 설교를하는데 자신의 나라 말로 하는 것이었습니다.

그래서 어찌된 일인가를 살피다가 베드로의 설교를 접하게 됩니다. 베드로는 그들이 방언을 하는 것은 성경에 예언된 사건이라고 결론을 내려줍니다. 그리고는 그들에게 복음의 핵심인 예수 그리스도를 소개하며 믿으라고 합니다. 그들이 죽인 예수님이 바로 그 메시아라고 하자, 그들의 마

음에 찔림이 일어나고 "어찌할꼬" 하는 회개의 자리에 이르게 되었습니다.

● 어떤 일이 일어났는지 기록해 봅시다(1-4절).

언제?
어디서?
무슨 일이?

● 베드로의 설교 내용은 무엇인지 이야기해 봅시다.

2. 담대해야 합니다.

이스라엘은 암울한 정치적 현실에서 구원해 줄 메시아를 기다리고 있었습니다. 그들이 생각한 메시아는 정치적 힘과 권력으로 오시는 분이었습니다. 그러나 정작 오신 예수 그리스도는 오히려 겸손하게 고난받으시고 십자가에 죽으셨습니다. 그것은 바로 성경이 예언한 예수 그리스도입니다.

　베드로는 그분이 죽으시고 부활하셔서 하나님 우편에 앉아계신다고 다윗의 시편을 예로 보이며 담대하게 설교했습니다. 그리고 바로 그것이 성령 충만으로 연결된다고 전했습니다. 이어서 그러한 메시아를 이스라엘이 죽였다고 이야기하자 많은 사람들이 마음에 찔림을 받고 죄 용서함 받는 길을 베드로에게 물었던 것입니다. 이 날에 베드로의 설교를 듣고 삼천 명이 결신하였습니다.

● 죄사함 받는 방법은 인간의 행위로 말미암습니까, 아니면 하나님의 사랑에 의한 선물입니까?(38절)

● 베드로가 담대하게 그리스도를 증거할 수 있었던 힘은 어디서 나왔을까요?

3. 예수님의 마음을 품어야 합니다.

베드로가 담대하게 복음을 전할 수 있었던 것은 예수님의 마음을 깊이 깨닫았기 때문입니다. 우리도 삶의 여러 상황 속에서 예수님을 증거합니다. 직접적인 전도를 하거나 우리의 행동을 통해서 그렇습니다. 그러므로 행동의 기초가 어디에 있는지 살펴보는 것은 매우 중요한 일입니다.

● 봉사나 사역, 전도를 할 때 자기 만족인가요, 아니면 그의 사랑에 대한 감사인가요? 생활 속에서 경험되어진 그리스도의 사랑을 서로 돌아가며 간증해 봅시다.

다같이 기도합시다

하나님 아버지, 우리가 예수님의 사랑에 감동된 증인으로 살기 원합니다. 주를 증거하는 삶의 즐거움을 깨닫게 하여 주시옵소서. 베드로를 돌아보며 우리도 복음을 전하는 자가 되게 하여 주시고 주를 전함으로 얻는 즐거움을 깨닫게 하옵소서. 다시 한번 예수님만을 따르는 증인이 되기를 예수님의 이름으로 기도드립니다. 아멘.

1. 반복하여 읽어봅시다.
"누구든지 주의 이름을 부르는 자는 구원을 받으리라 하였느니라"(행 2:21)

2. 지난 주 나의 생활 평가하기
100점 성도 : 베드로처럼 항상 주를 의지하며 살았습니다.
80점 성도 : 실패를 통하여 믿음이 필요함을 깨달았습니다.
60점 성도 : 실패하지 않으려고 노력하며 살았습니다.
40점 성도 : 이번 주에도 바쁘게 한 주가 갔습니다.

3. 실천합시다.
이번 주에는 주님을 담대히 전해봅시다.

4. 기도 제목을 나눕시다.
구역 식구들과 함께 기도 제목을 서로 나누며 통성으로 기도합시다.

3월
믿음이 성장하는 달

"내가 기도하노라 너희 사랑을
지식과 모든 총명으로 점점 더 풍성하게 하사
너희로 지극히 선한 것을 분별하며
또 진실하여 허물 없이 그리스도의 날까지 이르고"

(빌 1:9-10)

제9과
믿음은 하나님의 선물입니다

본문말씀 : 로마서 10:9-17 / 찬송 : 384, 449, 182장

신앙생활하면서 가장 이해하기 힘든 단어가 있다면 '믿음'일 것입니다. 대개의 사람들은 무엇이든지 믿음은 다 똑같다고 생각합니다. 하지만 그렇지 않습니다. 하나님의 말씀인 성경이 말하는 믿음과 일반적으로 알고 있는 믿음의 차이를 알아보도록 하겠습니다.

1. 바로 알고 믿어야 합니다.

성경은 "네가 만일 네 입으로 예수를 주로 시인하며 또 하나님께서 그를 죽은 자 가운데서 살리신 것을 네 마음에 믿으면 구원을 얻으리니 사람이 마음으로 믿어 의에 이르고 입으로 시인하여 구원에 이르느니라"(9-10절)고 말씀하고 있습니다.

● 우리가 믿어야 할 대상이 누구입니까?

● 우리가 먼저 믿어야 할 내용이 무엇입니까?(9절)

우리가 하나님을 믿는 신앙을 가짐에 있어서 예수를 주로 시인한다는 것과, 예수 그리스도의 죽으심과 부활을 믿는 것이 가장 중요하고 기초가 되는 것입니다. 이 기초가 왜 중요한지 서로 토의해 보십시오.

2. 예수님이 하신 일과 내가 할 일

마음으로 믿는 것은 곧 입의 시인으로 나타나게 되어 있습니다. 또 입의 시인은 행동을 유발시킵니다. 그래서 마음이 제일 중요한 것입니다.

● 오늘 본문을 보면서 믿음에 있어 예수님이 하신 일과 내가 할 일은 무엇인지 살펴봅시다.

예수님이 하신 일은 (   )에서 우리 죄를 위하여 (   ).
고로 나는 예수님의 죽음을 인정하며 (   )한다.

● 우리가 마음으로 믿으면 의에 이른다고 했는데, 그 의미는 무엇입니까?(10절)

3. 성령님의 도우심이 필요합니다.

믿음을 가지게 될 때 말씀과 함께 성령의 도우심이 있어야 합니다(고전 2:5). 왜냐하면 믿음은 하나님의 선물이기 때문입니다.
　믿음은 사실(진실)에서 출발합니다. 즉 예수 그리스도께서 나의 구원을 위하여 죽으셨고, 또 내가 영생한다는 것을 보여주시기 위해서 부활하심을 믿는 것으로 시작합니다. 그러므로 믿음은 행위의 반대말입니다. 즉 내가 생명(영생)을 얻기 위해서는 하나님께서 이루어 놓으신 그 사역을 인정하는 것입니다.

● 믿음으로 우리가 얻은 것은 무엇입니까?(엡 2:8-9)

● 그런데 왜 믿음을 하나님의 선물이라고 할까요?

● 하나님이 그렇게 하신 이유는 무엇 때문입니까?

그러므로 믿음이 생기려면 먼저 그리스도의 복음에 대한 들음이 있어야
하는 것입니다. 혈루증으로 고생하던 여인이 바로 이 과정을 통하여 나음
을 얻었던 것입니다.

다같이 기도합시다

하나님 아버지, 우리에게 믿음을 주심을 감사합니다. 지금까지는 제가 믿는 줄 알았는데 오늘 말씀을 배우고 나니 믿음은 하나님의 선물인 것을 깨닫습니다. 항상 바른 믿음위에 서게 해주십시오. 예수님만이 저의 믿음의 대상이심을 고백합니다. 예수님의 이름으로 기도드립니다. 아멘.

1. 반복하여 읽어봅시다.

"네가 만일 네 입으로 예수를 주로 시인하며 또 하나님께서 그를 죽은 자 가운데서 살리신 것을 네 마음에 믿으면 구원을 받으리라"(롬 10:9)

2. 지난 주 나의 생활 평가하기

100점 성도 : 베드로처럼 항상 주를 증거하며 살았습니다.
80점 성도 : 복음전도를 위해 기도하며 한 주간을 살았습니다.
60점 성도 : 전도하려고 노력하며 살았습니다.
40점 성도 : 이번 주에도 바쁘게 한 주가 갔습니다.

3. 실천합시다.

이번 주에는 믿음의 기초를 묵상하면서 보냅시다.

4. 기도 제목을 나눕시다.

구역 식구들과 함께 기도 제목을 서로 나누며 통성으로 기도합시다.

제10과
순종하는 삶을 삽시다

본문말씀 : 마태복음 7:24-29 / 찬송 : 452, 305, 269장

성경은 우리에게 순종의 삶을 요구합니다. 우리의 의지나 결단이 너무 부족하다는 것을 아시는 하나님이 왜 우리에게 순종을 요구하실까요? 믿음이 있는 사람은 즐거운 마음으로 순종합니다. 그러나 반대로 억지로 순종하는 사람들이 있습니다. 그들의 겉모습은 경건하나 실제로는 허위와 가식으로 위장되어 있습니다. 예수님께서는 그러한 자들을 향하여 "회칠한 무덤"이요 "외식"이라고 단언하셨습니다. 그들은 바리새인이요, 서기관이요, 종교 지도자들이요, 율법 선생들이었습니다. 이들에게서 참 사랑을 기대한다는 것은 참으로 어려운 일이었습니다. 그러나 예수님께서는 순종의 삶을 보여주셨습니다. 참 순종이란 어떤 것인지 어디에서 기인하는 것인지 살펴보도록 하겠습니다.

1. 순종은 믿음의 기초입니다.

예수님이 비유로 말씀하신 반석 위의 집과 모래 위에 세운 집은 어떤 결정적인 순간이 오기까지 겉으로 보기에는 같았습니다. 어느 집이 무너질 집인지 잘 드러나지 않는다는 말이 되겠지요. 믿음도 마찬가지입니다. 어떤 사람의 믿음은 조그마한 문제에도 이내 사라져 버리고 말기 때문입니다. 반석 위에 지은 집은 무너지지 않았습니다. 그것은 결코 집의 겉모양에 원인이 있는 것이 아니고 기초가 튼튼했기 때문입니다.

● 마태복음 7:24-29을 읽고, 예수께서 이 이야기를 하신 이유가 무엇인지 말해 보십시오(24절).

2. 순종하는 자에게 복을 주십니다.

신명기 28장은 신자에게 순종의 삶을 살 것을 요구하시는 하나님의 뜻이 들어 있습니다. 순종에 따른 복과 불순종에 따른 저주가 기록되어 있습니다.

● 신명기 28:11-19에서 순종과 불순종에 따른 복에 대하여 요약해 봅시다. 하나님은 우리의 순종과 불순종이 세상의 다른 모든 피조계와 연결이 되어 있다고 말씀하십니다. 우리가 순종해야 할 영역은 우리가 매일 만나는 삶의 순간순간입니다. 하나님은 우리의 순종을 통하여 우주를 다스리고 계십니다.

● 창세기 1:26-28을 읽고 위의 질문을 한 번 깊이 있게 생각해 보십시오.

인간의 타락은 바로 하나님과의 언약을 불순종하는 데서부터 비롯된 것입니다. 그리스도께서 오신 이유가 여기에 있습니다. 즉 아담은 불순종하여서 모든 인류에게 사망과 고통을 안겨 주었고 모든 피조물들에게도 고통을 안겨다 주었습니다. 그러나 그리스도께서는 우리로 순종하게 하시려고 이 땅에 오셔서 순종하는 삶의 실례를 십자가 위에서 보이셨던 것입니다. 십자가 위에서 고난과 죽음을 맞이하는 것이 예수님이 하실 일이셨습니다. 그러나 그 순종은 하나님의 뜻이었습니다(히 10:10).

3. 믿음으로 순종합니다.

왜 하나님은 우리에게 분명한 순종을 요구하시는 것일까요? 그분이 창조주요 주권자이시기 때문에 피조물인 우리가 맹종해야 할까요? 아니면 그것이 근원적으로 인간의 행복과 안녕에 관계된 것이기 때문인가요?
하나님은 우리를 생각하는 인격으로 창조하셨기 때문에 결코 로봇처럼 지시에 따라 행동하기를 원하시지 않으셨음을 기억해야 합니다.

● 그리스도께서 순종하신 것이 왜 더욱 값진 것인가요?(히 5:8)

● 이 순종으로 예수께서 온전하게 되셨다는 말은 불완전했다는 말인가요, 아니면 더욱더 온전해지셨다는 말인가요?(히 5:9)

다같이 기도합시다

하나님 아버지, 우리가 순종하는 삶을 살기 원합니다. 지금까지는 불순종하는 삶을 살았지만 오늘 말씀을 배운 대로 반석 위에 집을 짓는 지혜로운 자녀가 되기를 원합니다. 항상 말씀에 순종하게 해 주시옵소서. 예수님의 이름으로 기도드립니다. 아멘.

1. 반복하여 읽어봅시다.
"그러므로 누구든지 나의 이 말을 듣고 행하는 자는 그 집을 반석 위에 지은 지혜로운 사람 같으리니"(마 7:24)

2. 지난 주 나의 생활 평가하기
100점 성도 : 주님의 은혜를 베풀며 살았습니다.
80점 성도 : 은혜를 위해 기도하며 한 주간을 살았습니다.
60점 성도 : 은혜를 사모하며 살았습니다.
40점 성도 : 이번 주에도 바쁘게 한 주가 갔습니다.

3. 실천합시다.
이번 주에는 순종의 기초를 묵상하면서 보냅시다.

4. 기도 제목을 나눕시다.
구역 식구들과 함께 기도 제목을 서로 나누며 통성으로 기도합시다.

제11과
열매맺는 생활을 합시다

본문말씀 : 마가복음 11:1-21 / 찬송 : 379, 400, 261장

예수님께서 베다니에서 예루살렘으로 가는 도중에 길가에 잎사귀가 무성한 무화과나무를 보시고 열매를 따먹고자 하였습니다. 그런데 아무것도 얻지 못하셨습니다. 그 나무에는 열매가 열리지 않았기 때문입니다. 이때 예수님이 그 나무를 저주하셨습니다. 다음 날 아침 그곳을 다시 지나가며 보니 무화과나무는 말라 있었습니다. 이 사건을 통해 우리에게 주시는 교훈은 무엇인지 살펴보겠습니다.

1. 잎만 무성해서는 안 됩니다.

예수님께서 예루살렘으로 입성하실 때, 어린 나귀를 타고 들어가자 사람들이 겉옷과 나뭇가지를 흔들며 환영하였습니다. 그리고 다음 날 아침에 베다니에서 나오셨습니다(막 11:12). 시장하셔서 열매를 얻고자 하여 무화과나무 곁에 가셨으나 열매가 없자 무화과나무를 저주하셨습니다(막 11:13-14).

● 예수님께서 어린 나귀를 타고 성에 들어가신 이유가 무엇일까요?

● 왜 무화과나무를 저주하셨습니까?(13절)

무화과나무(구약성경엔 티엔나, 신약성경엔 쉬케)는 서방아시아가 그 원산지로 소아시아와 동부 지중해 지역에서 많이 볼 수 있습니다. 이 나무는 11m까지 자랄 수 있고 비록 바위가 많은 땅일지라도 종종 줄기가 많은 관목으로 자랍니다. 동양에서는 오늘날에도 무화과나무의 넓은 잎사귀들을 엮어 신선한 과일을 포장하는 데에 사용합니다(창 3:7 참고).

예수님의 저주를 받았던 무화과나무(마 21:18 이하)는 열매가 익기도 전에 잎만 무성하였던 것입니다. 무화과나무의 처음 익은 열매는 6월에 수확되고 때로는 잎보다 좀 더 일찍 수확됩니다(사 28:4). 늦게 익은 무화과는 8월부터 계속 수확되며, 봄에 새로 돋아난 가지에서 열립니다.

성경에서 무화과나무는 가치 있는 나무로서 포도나무와 함께 언급되었습니다(시 105:33; 렘 5:17; 욜 1:12). 포도나무와 무화과나무 아래 앉아 있다는 것은 평화와 번영을 상징했습니다(왕상 4:25; 미 4:4).

2. 열매가 없는 무화과나무는 저주를 받습니다.

가나안 땅은 무화과나무의 땅으로 묘사되고 있습니다(신 8:8). 그러므로 열매 없는 무화과나무(눅 13:6-9), 싹을 내는 무화과나무(마 24:32-35), 저주받은 무화과나무(마 21:18-22) 등은 유대민족을 의미하는 것으로 취급됩니다.

우리 주님께서 잎만 무성하고 열매가 없는 무화과나무를 저주하신 것은 실재가 없는 외모를 저주하신 것으로 이해됩니다. 무성한 잎을 가졌으면 몇 개의 열매라도 가졌어야 할 것입니다. 또한 이것은 거짓된 신앙고백을 하는 바리새인과 서기관들에 대한 책망이라고 할 수 있습니다.

● 우리의 신앙이 이 무화과나무처럼 열매가 없는 것은 아닌지 서로 말씀을 나누어 봅시다.

● 예수를 믿고 난 후 내 삶의 변화는 무엇인가요? 혹시 나는 변화 없는 무화과나무는 아닌지 서로 이야기해 봅시다.

● 예수께서 다시 오실 때 당신은 어떤 열매를 내어놓기 원하십니까?

다같이 기도합시다

하나님 아버지, 주님의 자녀답게 살아야 하는데 잎만 무성한 무화과나무같이 살았음을 고백합니다. 용서하여 주시고 열매맺는 삶을 살도록 인도하여 주시옵소서. 주님과 동행하는 매일의 삶이 되게 하여 주시옵소서. 주를 생각하며 한 주간 살게 하여 주시옵소서. 예수님의 이름으로 기도드립니다. 아멘.

1. 반복하여 읽어봅시다.
"예수께서 나무에게 말씀하여 이르시되 이제부터 영원토록 사람이 네게서 열매를 따 먹지 못하리라 하시니 제자들이 이를 듣더라"(막 11:14)

2. 지난 주 나의 생활 평가하기
100점 성도 : 주님의 말씀에 순종하여 살았습니다.
80점 성도 : 순종하기를 위해 기도하며 한 주간을 살았습니다.
60점 성도 : 순종의 중요성을 기억하며 살았습니다.
40점 성도 : 순종하기에는 힘이 들었습니다.

3. 실천합시다.
이번 주에는 열매맺는 생활을 하기 위해 노력합시다.

4. 기도 제목을 나눕시다.
구역 식구들과 함께 기도 제목을 서로 나누며 통성으로 기도합시다.

제12과
충성된 청지기가 됩시다

본문말씀 : 시편 24:1, 누가복음 12:42-48 / 찬송 : 491, 488, 310장

하나님 앞에서 예수 그리스도를 믿음으로 우리가 그분의 자녀된 사실과 자녀로서의 특권에 대하여 지금까지 공부해 왔습니다. 우리가 온전히 예수 그리스도의 행위를 받아들임으로써 시작된 이 믿음의 여정이 어디에서 끝이 나는지를 살펴보아야 할 것입니다.

　대부분의 그리스도인들은 구원을 확신하고 나면 금방 성장하려는 의지를 묵살시켜 버리고 믿음만 가지고 내 자신의 구원만 생각하면 된다고 생각해 버리고 자칫 안주해 버립니다. 이러한 잘못된 견해는 꽤 오랫동안 성장을 방해하고, 경직되고 매우 이기적인 유아적 그리스도인을 만들어 놓고 맙니다. 우리는 우리 주위에서 이러한 그리스도인을 얼마나 많이 보는지 모릅니다.

1. 주님이 세상의 주인이십니다.

이 세상과 세상에 모든 것이 다 하나님의 것입니다. 성경은 이 사실을 증거할 뿐 아니라 선포하고 있습니다. 창세기는 우리에게 이 사실을 알려주고 있습니다. 세상은 하나님이 만드신 곳입니다. 그러므로 만든 사람이 주인인 것입니다(창 1:1-2:3).

● 이 세상(the world)과 이 세상에 속한(in the world) 것이 어떤 것이 있는지 생각나는 대로 써보십시오.

시간과 물질, 개인의 자질과 능력, 자원과 무한한 에너지, 그리고 인간의 생명은 모두 다 하나님의 것입니다. 그런데 이 많은 우주의 모든 것을 하나님은 우리 인간에게 맡기셨습니다(창 1:26-28). 인간은 하나님의 형상으로 지음을 받았기 때문에 이 위임을 받아들일 수 있습니다.

● 인간에게는 다른 피조물들과 다른 무엇이 있습니다. 그것은 무엇일까요?(창 1:27)

인간은 인격체로, 하나님의 형상대로 지음을 받았기 때문에 하나님의 대리자로서 이 땅에 있는 모든 것을 경작(culture, 즉 '문화'라는 말은 '경작'에서 나왔습니다)하라는 위임을 받습니다. 그 경작의 결과에 대한 모든 책임을 인간이 지게 하셨습니다. 하나님은 공의의 하나님이시기 때문에 자유의지를 준 인간에 대하여 책임을 물으십니다. 이 결산은 모든 인생에게 공통적인 것입니다.

● 그런데 아담과 하와가 죄로 인해 받은 징벌은 어떤 것이었습니까?(창 3:10-24)

2. 인생의 주인도 주님이십니다.

하나님은 그리스도를 통하여 우리를 구원하심으로 우리의 주인이 되십니다. 하나님 편에서 보았을 때 우리는 그의 소유가 되는 것입니다(고전 6:20). 인간은 흔적을 남기는 존재입니다. 그래서 인간이 행한 모든 행위에는 뚜렷한 결과가 남는 법입니다. 그 결과를 분석해 보면 그의 인생이 하나님의 뜻에 의하여 선하게 살았는지 아니면 이기적이었는지를 알 수 있다는 말입니다. 문제는 세상에 있는 것이 타락해서가 아니고 인간 개인의 마음들이 죄로 물들었기 때문에 항상 나쁜 결과를 맺게 된다는 것입니다.

3. 신실한 청지기가 됩시다.

그러므로 주님은 우리에게 충성을 요구하시는 것입니다. 믿는 자들에게는 불신자들이 받는 지옥과 영벌의 심판이 없습니다. 그렇지만 우리는 인격체요 또 그분의 생명을 얻은 자이기 때문에 하나님이 재창조하신 자녀로서 지켜야 할 명령이 있습니다. 그래서 맡겨진 달란트를 수건에 싸서 묻어 두었던 종은 책망을 받았습니다. 이 책망은 우리에게 경고를 주는 것입니다. 분명 우리는 하나님께로부터 모든 것을 맡은 청지기들입니다.

● 지혜 있고 신실한 청지기는 어떻게 해야 합니까?(눅 12:42)

● 이와 반대로 지혜롭지 못하고 신실치 못한 청지기는 왜 그런 잘못된 생각을 하게 된 것일까요? 그 결과는 무엇이었습니까?(46절)

다같이 기도합시다

하나님 아버지, 우리의 영혼, 육체, 시간, 재능, 물질, 영적인 은사, 지식 모두가 하나님의 소유라는 사실을 고백합니다. 이 세상에 속한 모든 것은 다 하나님의 것입니다. 지금까지 이러한 관점을 지니지 못했던 점을 용서해 주시옵소서. 이제부터는 모두 주를 위해 사용하겠습니다. 예수님의 이름으로 기도드립니다. 아멘.

1. 반복하여 읽어봅시다.
"땅과 거기에 충만한 것과 세계와 그 가운데에 사는 자들은 다 여호와의 것이로다"(시 24:1)

2. 지난 주 나의 생활 평가하기
100점 성도 : 열매 맺는 삶을 위하여 살았습니다.
80점 성도 : 열매를 맺어야 하는 것으로 알고 한 주간을 살았습니다.
60점 성도 : 열매의 중요성을 기억하며 살았습니다.
40점 성도 : 열매보다는 죄짓지 않으려고 노력했던 한 주간이었습니다.

3. 실천합시다.
이번 주에는 나의 것이 모두 하나님의 것임을 생각합시다.

4. 기도 제목을 나눕시다.
구역 식구들과 함께 기도 제목을 서로 나누며 통성으로 기도합시다.

4월
고난과 부활의 달

"그가 찔림은 우리의 허물 때문이요
그가 상함은 우리의 죄악 때문이라
그가 징계를 받으므로 우리는 평화를 누리고
그가 채찍에 맞으므로 우리는 나음을 받았도다"

(사 53:5)

제13과
십자가의 사랑으로 오신 예수님

본문말씀 : 마가복음 11:15-33, 12:1-27 / 찬송 : 266, 258, 439장

예수님은 예루살렘에 들어가셔서 성전으로 향하셨습니다. 예수님은 거룩한 분노로써 성전을 상대로 장사하는 사람들을 내쫓으셨습니다.

1. 성전을 더럽히는 사람들이 있습니다.

당시 성전은 헤롯이 재건한 것이었습니다. 이 성전은 제2성전의 중요한 재개발로 BC 19년에 시작하였습니다. 핵심 건물은 10년만에 완성되었으나, AD 64년까지 공사가 계속되었습니다. 남북으로 450m, 동서로 300m 되는 평탄한 지역에 높이 1m, 길이 5m 되는 거대한 돌들을 쌓아 만든 담벽으로 둘러싸였으며(막 13:1 참고), 그 중의 일부는 지금까지 남아 있습니다.

성전의 남동쪽으로 모퉁이는 기드론 시내를 굽어보고 있으며, 그 안뜰은 암벽 45m 위에 있습니다. 북서쪽 모퉁이에는 안토니 요새가 그 지경 위로 우뚝 솟아 있는데, 이곳은 로마 주둔군이 살던 곳입니다. 그 바깥쪽 정원에는 담장 안으로 주랑 현관(솔로몬 행각)이 있었습니다(요 10:23; 행 3:11). 이곳에서 서기관들이 가르치거나 토론을 하였으며(눅 2:46; 19:47), 동전 바꾸어 주는 환전상들의 진열대가 있었습니다(눅 19:45-46). 이 바깥뜰을 넘어서 들어오는 이방인은 어느 누구든지 죽더라도 책임이 없다는 경고문이 헬라어와 라틴어로 기록되어 있었습니다. 그런데 예수님은 성전에 들어가셔서 진노하셨습니다.

● 예수님이 진노하신 이유는 무엇입니까?(막 11:15-17)

예수님은 예루살렘 성전을 하나님의 집이라 하여 대단히 중요하게 여기셨습니다(마 12:4, 23:17, 21). 그는 성전을 정화하셨으며(요 2:17), 성전이 파괴될 것을 생각하며 우셨습니다(눅 19:41 이하). 그러나 또한 자신을 성전보다 크다고 하셨습니다(마 12:6). 여기서 성전은 이스라엘이 영적으로 열매를 맺지 못하는 것을 가리킵니다(막 11:12 이하).

2. 예수님의 권세에 도전하는 사람들이 있습니다.

그러므로 성전은 결국 파괴되어야 한다는 쪽으로 말하자(막 13:2) 장로들과 서기관들이 예수님의 권세에 대해 도전을 합니다. 성전이 파괴될 것이라는 언급은 자신의 몸(성전)이 죽을 것이나 3일 만에 다시 부활할 것이라는 예수님의 예언(막 9:31)을 확증하는 말씀입니다. 그런데 이 말씀을 오해하고 왜곡한 거짓 증인들이 예수님이 재판 받으실 때 서로 일치하지 않은 증언을 했습니다(막 14:58).

● 서기관들과 대제사장들과 장로들이 도전한 이유는 무엇일까요?(27-28절)

3. 십자가의 사건으로 살길이 열렸습니다.

우리는 언제부터인가 단단히 닫혀 있는 세상 속에서 홀로 살고 있었습니다. 하나님과의 만남도 없고, 사람들과 서로 싸우고 미워하는 곳에서 살게 되었습니다. 그런데 이러한 땅으로 예수님이 오셨습니다.

예수님이 오신 사건은 십자가로 요약할 수 있습니다. 십자가는 모든 미움과 반목을 깨는 것이었습니다. 십자가의 사건은 나를 하나님과 만나게 하였습니다, 또한 나를 이웃과 화해하며 사랑하게 하였습니다. 하지만 사람들은 십자가를 져야 하는 예수님의 고통은 모른 채 그분을 비방하고 곤경에 처하게 하기 위해서 애를 쓰고 있습니다.

● 포도원의 비유를 통해 예수님은 무엇을 예언하십니까?(막 12:1-12)

● 사두개인들이 예수님께 와서 한 질문은 부활에 대한 것이었습니다. 이 말씀에 대한 예수님의 대답은 무엇입니까?(막 12:25-27)

다같이 기도합시다

하나님 아버지, 고난의 달입니다. 예수님께서 인간의 몸을 입고 이 땅에 오셔서 고난과 수모를 당하시며 육신의 연약함 가운데서도 끝까지 죄에 대하여 승리하심을 보여주신 달입니다. 주님의 고난을 묵상하며 주의 사랑을 느끼길 원합니다. 우리 매일의 삶이 그리스도의 가신 길을 따르는 삶이 되게 하여 주시옵소서. 이제는 주를 위해 사랑하며 살겠습니다. 예수님의 이름으로 기도합니다. 아멘.

1. 반복하여 읽어봅시다.

"이에 예수께서 이르시되 가이사의 것은 가이사에게, 하나님의 것은 하나님께 바치라 하시니 그들이 예수께 대하여 매우 놀랍게 여기더라"(막 12:17)

2. 지난 주 나의 생활 평가하기

100점 성도 : 모든 것을 주의 것으로 알고 드리며 살았습니다.
80점 성도 : 주의 것으로 알고 소중하게 사용하며 한 주간을 살았습니다.
60점 성도 : 물질의 중요성을 기억하며 살았습니다.
40점 성도 : 모든 것이 힘들었던 한 주간이었습니다.

3. 실천합시다.

이번 주에는 사랑을 실천하면서 보냅시다.

4. 기도 제목을 나눕시다.

구역 식구들과 함께 기도 제목을 서로 나누며 통성으로 기도합시다.

제14과
우리를 대신해 고난을 받으신 예수님

본문말씀 : 마가복음 14:12-42 / 찬송 : 259, 141, 258장

마가복음 14장은 최후의 만찬(12-26절)과 예수 그리스도의 고별사(27-31절), 그리고 겟세마네에서 기도하시는 예수님(32-42절)의 처절한 모습이 기록되어 있습니다. 이 사건들을 통해 예수님의 발자취를 배워보도록 하겠습니다.

1. 유월절 만찬을 드셨습니다.

예수님께서는 이제 제자들을 위해 유월절 만찬을 준비하십니다. 제자들과 함께하신 최후의 만찬은 관습적인 유월절 잔치입니다만(막 14:1-2, 12 이하; 요 13:21 이하) 이 만찬의 의미를 예수님은 확정적으로 밝히십니다. 그것은 원래 이스라엘의 고통스러웠던 애굽 노예 생활을 돌아보는 것이었습니다. 그러나 요한복음 13:1; 18:28; 19:14; 31, 42 등의 성경 구절들을 보면 예수님이 식탁에 자리잡고 앉았을 때, 그 마음속에는 십자가를 염두에 두고 계셨다는 사실을 알 수 있습니다. 예수님이 제자들에게 자신의 피를 마셔야만 한다(막 14:24)고 제안한 것은 이러한 사실을 뒷받침합니다(고전 11:25).

● 떡이 의미하는 것은 무엇일까요?(22절)

● 잔이 의미하는 것은 무엇일까요?(24절)

예수님은 유월절 만찬이 구약에서 상징하던 것을 성취하시는 것임을 분명히 하십니다(고전 5:7). 예수님은 하나님의 구원 목적에 따라 제사에 드려진 자기 몸으로서의 빵(히 10:5 이하 참고), 또 그가 이룩한 새로운 '출애굽'(눅 9:31), '별세'의 기념비로서 그 잔의 의미를 선언하셨습니다.

그러므로 빵과 포도주의 기능은 유월절 음식의 기능과 병행하는 것입니다.

2. 수제자 베드로의 배신도 이미 아셨습니다.

유월절 만찬 중 예수님은 베드로에게 "네가 이 밤 닭이 두 번 울기 전에 나를 세 번 부인하리라"고 하십니다. 가장 아끼고 사랑하는 제자의 배신을 주님은 이미 아신 것입니다.

● 왜 베드로는 예수님을 부인할 수밖에 없었을까요?

3. 깨어 있으라고 하십니다.

유월절 만찬을 마치고 예수님이 겟세마네 동산에서 구속의 사건에 앞서 간구할 때 제자들은 깨어 함께 기도하자는 예수님의 부탁도 잊은 채 자고 있었습니다. 예수님의 간구는 피와 땀을 흘리는 간절한 기도였습니다(눅 22:44).

● 예수님의 피땀 흘리는 기도는 누구를 위한 기도였습니까?

● 오늘 우리는 예수님과 함께 살겠노라 하면서 제자들처럼 졸고 있지는 않습니까? 서로 돌아가며 이야기해 봅시다.

예수님의 고뇌와 마지막 밤에 대해 여전히 제자들은 이해하지 못한 채 잠을 자고 있었습니다. 어느 누구도 예수님의 고난을 대신할 수는 없음을 알아야 합니다. 그분만이 인생의 고난을 대신하며, 우리를 대신하여 고난의 쓴잔을 마실 수가 있기 때문입니다.

많은 사람들이 예수님의 고난은 우발적인 것이었다고 말합니다. 하지만 예수님의 고난은 필연적이었다고 말하는 것이 옳을 것입니다. 예수님의 삶은 필연적으로 세상의 배척을 받게 되어 있었습니다. 세상은 이미 마귀에게 점령 당해 예수님의 생각과 행동에 정면으로 대치되었기 때문입니다. 오늘날도 마찬가지입니다. 누군가가 믿음대로 살려고 한다면 그는 항상 세상에 대립하게 될 것입니다. 세상에 있는 것은 아버지께로 온 것이 아니기 때문입니다(요일 2:15-16).

다같이 기도합시다

하나님 아버지, 이 시간 주님의 고난을 생각합니다. 우리의 죄악을 담당하시기 위해 당하신 배신과 고독과 아픔을 기억하기 원합니다. 주님으로 인해 우리의 삶이 나음을 입었음을 고백합니다. 이제는 깨어 기도하게 도와주시옵소서. 예수님의 이름으로 기도드립니다. 아멘.

1. 반복하여 읽어봅시다.
"이르시되 아빠 아버지여 아버지께는 모든 것이 가능하오니 이 잔을 내게서 옮기시옵소서 그러나 나의 원대로 마시옵고 아버지의 원대로 하옵소서 하시고"(막 14:36)

2. 지난 주 나의 생활 평가하기
100점 성도 : 하나님 사랑과 이웃을 사랑하며 살았습니다.
80점 성도 : 이웃사랑의 필요를 알고 한 주간을 살았습니다.
60점 성도 : 사랑의 중요성을 기억하며 살았습니다.
40점 성도 : 사랑의 필요는 알지만 실천하기는 어려웠습니다.

3. 실천합시다.
이번 주에는 주의 고난을 생각하면서 보냅시다.

4. 기도 제목을 나눕시다.
구역 식구들과 함께 기도 제목을 서로 나누며 통성으로 기도합시다.

제15과
십자가에 달리신 예수님

본문말씀 : 마가복음 15:1-41 / 찬송 : 361, 539, 370장

겟세마네 동산에서 기도하신 예수님은 체포되어 재판을 받게 됩니다. 죄도 없으신 분이 왜 고난과 조롱과 멸시를 받아야 했을까요? 십자가에 달리시기까지 우리에 대한 사랑의 끈을 놓지 않으신 예수님을 기억합시다.

1. 빌라도의 법정에서 재판을 받았습니다.

본디오 빌라도는 유대에 부임한 로마 총독입니다. 그는 예수님을 십자가에 못 박는데 결정적인 역할을 하였는데 AD 26년 티베리우스 황제에 의하여 유대의 감독관으로 임명되었습니다. 그는 사형 언도를 내리거나 집행 유예를 시킬 권한도 지녔습니다. 또한 대제사장을 임명했으며 성전과 성전 재정을 통제했습니다. 유대에 있는 로마 관청은 가이사랴에 있으나 빌라도는 절기에 유대인의 소란을 경비하기 위하여 예루살렘에 출장하였다가 마침 예수의 사건에 관여하게 되었습니다. 처음에는 무죄인 줄 알고 상관치 않겠다고 대야에 물을 떠다가 손까지 씻더니 민요가 두려워 예수님에게 사형을 선고하여 십자가에 못 박게 하였습니다.

● 빌라도는 예수님에게서 어떤 죄를 발견하였습니까?(5절)

● 빌라도가 결국 누구를 만족케 하기 위해 예수를 십자가형에 처합니까?(15절)

유대의 역사가 요세푸스에 따르면, 그는 유대인들을 싫어하여 황제의 신상을 예루살렘에 세워 그들의 감정을 자극하였다고 합니다. 그는 후에 불필요하게 사마리아인들을 많이 죽였으며, 이로 인해 AD 37년경 로마로 소환되었고 그 결과는 알려지지 않았습니다. 신약의 판단에 비추어 보면, 그는 원칙보다는 상황을 따르는 악한 사람이었습니다. 그는 유대인들이 두려워서가 아니라 티베리우스 황제의 노여움을 두려워하여 예수를 십자가에 못 박았다고 합니다. 이것은 예수님의 십자가에 붙인 패에 쓰인 유대인을 조롱하는 글귀에서 분명하게 나타납니다(요 19:19 이하).

2. 조롱과 멸시를 당하셨습니다.

예수님은 죄인이 아니면서도 법정에 서야 했고, 죄를 발견할 수 없었음에도 불구하고 심판의 자리에 내몰리셨습니다. 고난주간 금요일에 예수님은 온종일 대제사장의 뜰에서, 빌라도의 법정에서, 그리고 골고다로 이어지는 수난의 연속이었습니다.

● 무리들은 월요일에 예수님이 예루살렘성에 나귀 타고 입성하던 날 환호하며 종려나무 가지를 흔들던 그 무리들입니다. 그들이 빌라도에게 어떤 요구를 합니까?(13-14절)

3. 십자가에 못 박혀 죽으셨습니다.

예수가 못 박힌 십자가는 '十'자 모양 사형틀입니다. 십자가는 그리스도교 이전에 이미 고대 이집트나 인도, 페르시아, 중앙 아메리카의 민족들 사이에서 종교적 상징으로 쓰였습니다. 십자가를 중죄인의 책형(기둥에 달아매고 창으로 찌르는 형벌) 도구로 쓰인 것은 페니키아인이 처음이며, 뒤에 각 민족 간에 널리 쓰였으나 로마인은 그 양상이 너무 잔혹하여 노예나 흉악범 외에는 사용하지 않았습니다. 유대인들은 사람을 십자가에 못박아서 처형시키지는 않았으나 죽은 사람의 시체를 나무에 매달아 놓음으로써 그가 저주받았음을 나타냈습니다(신 21:22; 수 10:26; 삼하 4:12 참조).

예수님이 십자가에 죽으심과 동시에 성소의 휘장이 찢어졌습니다. 이는 예수의 상하심과 죽으심으로 우리가 나음을 입게 된다는 이사야 선지자의 예언의 성취였습니다. 이러한 잔혹한 십자가는 그리스도의 고난을 대표하는 것으로 후일 나타났습니다. 그러나 이러한 잔혹한 십자가도 부활이 있기 때문에 두려워하는 마음을 갖게 하지는 못했습니다. 이처럼 십자가에서 구원이 성취되었고, 대적하는 세력들이 영원히 패망을 당케 되었습니다(벧전 2:24; 3:18; 골 2:15).

● 예수님의 죽음과 동시에 성소에서는 어떤 일이 일어났습니까?(38절)

다같이 기도합시다

하나님 아버지, 십자가에서 고난당하신 주님을 생각합니다. 예수님께서 인간의 몸을 입고 고통 중에 죽으심은 우리의 허물과 죄 때문입니다. 매일 주님의 십자가를 생각하는 삶이 되게 하여 주십시오. 예수님의 이름으로 기도드립니다. 아멘.

1. 반복하여 읽어봅시다.
"이에 성소 휘장이 위로부터 아래까지 찢어져 둘이 되니라"(막 15:38)

2. 지난 주 나의 생활 평가하기
100점 성도 : 주님의 고난을 묵상하며 매일 기도했습니다.
80점 성도 : 고난에 동참하려고 노력하며 살았습니다.
60점 성도 : 하루 정도 기억했습니다.
40점 성도 : 내가 당한 어려움만 생각했습니다.

3. 실천합시다.
이번 주에는 십자가를 생각하며 보냅시다.

4. 기도 제목을 나눕시다.
구역 식구들과 함께 기도 제목을 서로 나누며 통성으로 기도합시다.

제16과
십자가 위에서 하신 일곱 말씀

본문말씀 : 누가복음 23:33-34, 마태복음 27:45-46, 요한복음 19:28-30 /
찬송 : 259, 141, 258장

빌라도는 군중의 뜻대로 예수님을 십자가에 못 박게 하고, 그 죄상을 희랍어, 라틴어, 아랍어 순으로 쓰게 하였습니다. "유대인의 왕", 그것은 예수의 죄목이었습니다. 오전 12시경에 병사들은 13cm의 못을 손목에 힘차게 박아 넣었습니다. 갑작스럽게 어둠이 밀려왔고 하늘은 어두워졌습니다. 병사들은 포도주를 마시며 주사위를 던져 예수의 옷 나누기를 할 때 예수님은 첫 말씀을 하셨습니다.

1. 첫째 말씀

"아버지 저들을 사하여 주옵소서 자기들이 하는 것을 알지 못함이니이다"(눅 23:334).
　십자가에 못 박히신 후에도 예수님은 끊임없이 기도합니다. 사람들이 무지한 까닭에 "하나님 저들을 용서하소서." 라고 기도하셨습니다. 십자가에 못을 박았던 자도, 침 뱉었던 자도, 창으로 찌른 자도, 능욕하고 저주하고 비웃는 자도 우리 주님은 용서하셨습니다. 그리고 예수님은 주변에 매달린 두 사람 중에서, 회개하고 그리스도를 인정하는 한 강도에게 용서와 사랑과 구원을 확증시켰습니다.

2. 두 번째 말씀

"내가 진실로 네게 이르노니 오늘 네가 나와 함께 낙원에 있으리라"(눅 23:43).

　오늘 한 강도에게 임한 구원이 우리에게도 임합니다. 종교의식 때문인 가요? 아닙니다. 율법 때문인가요? 아닙니다. 다만 은혜로 이루어지는 것입니다. 이 강도는 "예수여 당신의 나라에 임하실 때에 나를 기억하소서"(눅 23:42)라고 합니다. 이것은 "나는 죄인입니다. 나를 불쌍히 여기시고 기억이라도 해 주십시오." 라고 하는 것입니다. 그러나 예수님은 "네가 나와 함께 낙원에 있으리라."고 하십니다. 이처럼 하나님은 우리가 생각하는 것을 넘어서 더 큰 것을 주십니다. 더 큰 것을! 그러므로 이제는 고백이 필요합니다.

3. 세 번째 말씀

예수님의 사랑은 세밀하십니다. 눈물을 흘리시는 십자가 아래의 어머니 마리아를 보시면서 말씀하십니다. "여자여 보소서 아들이니이다"(요 19:26). 또 요한에게 부탁하십니다. "보라 네 어머니라"(요 19:27).

4. 네 번째 말씀

"엘리 엘리 라마 사박다니"(마 27:46).
극심한 고통으로 외친 예수의 십자가 주위엔 어두움이 몰려오고 십자가에 쓸쓸함이 뭉쳐 있었습니다. 우리 주님은 버림을 당한 것이었습니다.

5. 다섯 번째 말씀

"내가 목마르다"(요 19:28).

여기에는 인간의 고통과 더불어 승리의 모습이 있습니다. 주의 목마름과 고통은 우리의 모든 목마름을 대신한 것입니다. 그러므로 예수 안에 있을 때 우리에게 목마름이란 있을 수 없습니다.

6. 여섯 번째 말씀

"다 이루었다"(요 19:30).
십자가가 오늘 성취되었습니다. 영원한 구속, 고통의 끝이 성취되었습니다. 그리고 놀라운 변화가 일어났습니다.

7. 일곱 번째 말씀

"아버지 내 영혼을 아버지 손에 부탁하나이다"(눅 23:46).
완전한 회복이었습니다. 아버지와 아들의 회복이었고 하나님과 우리와의 회복이었습니다. 완전한 용서였습니다. 이미 찌른 자와 능욕한 자, 심지어 가룟 유다까지 용서하신 것입니다. 완전한 사랑이었습니다. 극심한 혼란과 적대를 깨뜨린 사랑이었습니다. 완전한 구속이었습니다. 공허한 세상에 묶은 끈을 풀고 영원한 생명으로의 구속이었습니다. 갈보리 언덕 그 십자가 위에 새로운 길이 생겼습니다. 십자가의 언덕 너머 있는 길, 그 길은 영원한 생명으로 인도하는 길입니다. 누구든지 주의 십자가를 바라보며 주께로 가는 길인 것입니다.

● 우리가 이제 자랑할 것이 있다면 무엇일까요?(갈 6:14)

다같이 기도합시다

하나님 아버지, 주님의 십자가를 생각하며 가상칠언을 배웠습니다. 십자가의 주님의 고난을 생각하며 그 죽음에 담긴 주의 사랑을 생각합니다. 매일 주님처럼 살아가기를 원합니다. 예수님의 이름으로 기도드립니다. 아멘.

1. 반복하여 읽어봅시다.

"백부장이 그 된 일을 보고 하나님께 영광을 돌려 이르되 이 사람은 정녕 의인이었도다 하고"(눅 23:47)

2. 지난 주 나의 생활 평가하기

100점 성도 : 십자가를 묵상하며 내게 주어진 고난을 참으며 살았습니다.

80점 성도 : 고난 속에서도 감사하며 살았습니다.

60점 성도 : 고난을 왜 주시는지 생각하며 살았습니다.

40점 성도 : 고난이 없기를 바라며 살았습니다.

3. 실천합시다.

이번 주에는 주께 온전한 헌신을 생각하면서 보냅시다.

4. 기도 제목을 나눕시다.

구역 식구들과 함께 기도 제목을 서로 나누며 통성으로 기도합시다.

제17과
부활의 비밀을 간직합시다

본문말씀 : 요한복음 11:14-26, 42-44 / 찬송 : 288, 423, 242장

AD 30년경 로마 통치 하의 유대 지역에서는 작지만 역사의 분기점을 만드는 사건들이 속속히 일어나고 있었습니다. 자칭 유대인의 왕이라 칭하는 자가 성전 모독죄로 피소되어 십자가형을 언도받고 그날 죽었으나, 3일이 채 못되어 그의 시체가 없어지고 부활했다는 소문이 예루살렘 시내와 유대 전역에 퍼지기 시작하였기 때문입니다. 이미 예수가 부활할 것이라는 소문을 십자가에 못 박히기 전부터 알고 있었던 당국은 철저한 경비와 보안을 하였습니다.

그러나 3일 뒤 그 죄수가 입었던 옷만이 그 자리에 남았을 뿐 시체의 행방은 찾을 길이 없었습니다. 이를 안 당국은 시체가 없어진 것과 부활했다는 소문을 막을 길이 없어 누군가가 시체를 훔쳐 갔다고 소문을 퍼뜨리기로 했습니다.

1. 예수님은 우리의 슬픔을 함께하십니다.

베다니에 사는 나사로가 병이 들어 매우 위급한 상황에 이르렀습니다. 이에 그의 누이 마르다와 마리아가 급히 예수께 사람을 보내어 병을 고쳐 주시기를 간구했던 것입니다. 그러나 예수께서는 그 전갈을 받고도 이틀이나 더 지체하셨습니다. 예수께서 이틀 후에 와서 보시니 나사로는 죽어서 냄새가 나는 시체가 되어 있었습니다.

여인들은 마지막날에 부활할 것은 믿었으나 지금 당장에 살아날 것을 믿지는 않았습니다. 그러나 주님은 이들의 슬픔에 함께하셨습니다. 또 죽음

의 권세 앞에 어찌할 줄 모르는 인간의 곤경에 함께 슬퍼하셨습니다.

● 예수님은 왜 그들의 다급한 부름에도 지체하셨습니까?(4절)

● 누이들의 태도에 대하여 예수님은 어떻게 하셨습니까?(21-26절)

2. 예수님은 죽음을 이기는 권세를 가졌습니다.

사람의 죽음은 죄의 결과입니다. 예수님이 오신 것은 죄의 결과인 사망을
깨뜨리시기 위해서입니다. 나사로를 살리신 것은 예수님에게 이러한 권세
가 있음을 알게 하시기 위한 것입니다.

● 기도하신 후에 무엇이라고 외치셨습니까?(43절)

● 그렇게 했더니 어떤 일이 일어났습니까?(44절)

예루살렘에 입성하여 고난을 받으시기 직전에 예루살렘 근교의 베다니
에서 이 일을 행하심은 주께서 부활이요 생명이 되심을 알게 하려고 하셨
을 뿐 아니라, 친히 3일 만에 부활하실 것을 예언하신 것입니다. 성경에
는 부활에 대한 증거와 예언, 또 죽은 자가 다시 살아나는 것에 대한 사건
이 이미 여러 곳에 나와 있습니다. 사렙다 과부의 아들(왕상 17:22), 수넴
여인의 아들(왕하 4:35), 죽은 자들이 엘리사의 뼈에 닿아 살아난 일(왕하

13:21), 야이로의 딸(마 9:25), 나인성 과부의 아들(눅 7:15)이 모두 이 사건의 증인들입니다.

3. 신자에겐 부활의 영광이 있습니다.

성경은 우리의 삶이 이 땅 위에서의 현재적인 것(육적인 출생으로 시작되어 땅에 묻히는)에서 끝나지 않고 다음의 생으로 이어진다고 가르쳐주고 있습니다. 그러나 많은 사람들은 이 사실을 알 수가 없습니다. 그것은 그다음 세상에 대한 가르침이 부족하고 또 가르쳐주는 이가 결코 있을 수가 없기 때문입니다. 그러나 주를 믿는 신자들에겐 주를 찾는 그대로 생명이요 부활이신 주님께서 우리로 알게 해 주십니다.

● 우리의 부활은 예수 그리스도의 부활을 전제로 합니다. 그리스도의 부활은 우리의 부활과 어떤 관계를 가지는지 토의해 봅시다(고전 15:20). 첫 열매의 뜻은 무엇인가요?

다같이 기도합시다

하나님 아버지, 부활의 비밀을 알게 하시니 감사합니다. 지금까지는 부활의 깊은 의미로 모르며 살았습니다. 오늘 말씀을 배운 대로 부활의 소망을 가지고 살기를 원합니다. 항상 말씀 속에서 부활의 비밀을 깨달으며 살게 해 주십시오. 예수님의 이름으로 기도 드립니다. 아멘.

1. 반복하여 읽어봅시다.
"예수께서 이르시되 나는 부활이요 생명이니 나를 믿는 자는 죽어도 살겠고 무릇 살아서 나를 믿는 자는 영원히 죽지 아니하리니 이것을 네가 믿느냐"(요 11:25-26)

2. 지난 주 나의 생활 평가하기
100점 성도 : 주님의 가상칠언 속에서 고난을 참으며 살았습니다.
80점 성도 : 주님의 가상칠언 속에서 제 할 일을 생각하며 살았습니다.
60점 성도 : 주님의 죽음을 생각하며 살았습니다.
40점 성도 : 고난이 없기를 바라며 살았습니다.

3. 실천합시다.
이번 주에는 부활의 기쁨을 생각하면서 보냅시다.

4. 기도 제목을 나눕시다.
구역 식구들과 함께 기도 제목을 서로 나누며 통성으로 기도합시다.

5월
가정의 달

"네 아버지와 어머니를 공경하라
이것은 약속이 있는 첫 계명이니
이로써 네가 잘되고 땅에서 장수하리라"

(엡 6:2-3)

제18과
아름다운 말을 합시다

본문말씀 : 야고보서 3:4-8 / 찬송 : 197, 191, 184장

누군가가 당신이 하루 동안 했던 모든 말들을 녹음해서 재생시켜서 듣는다면, "아, 그는 진짜 그리스도인이다" 라고 평가 내려질 수 있겠습니까? 당신의 친구 중 어떤 사람은 야한 농담을 일삼고, 속 빈 재치를 과시하여 남을 웃기려고 할 것입니다. 그러나 그리스도인의 언어 생활은 항상 건전하며 은혜로워야 합니다. 그의 말씨는 듣는 이를 평안케 해야 합니다. 왜냐하면 찬송을 부르던 입에서 상스런 소리를 낼 수 없고 기도를 드리던 입술로 욕설을 할 수 없기 때문입니다. 더구나 가정에서 서로에게 아름다운 소리를 내는 것은 가정 평화의 기초요 밑거름입니다.

1. 듣기 좋은 말을 합시다.

우리 나라에도 속옷 패션으로 히트를 친 사람이 많이 있지만, 아직 언더웨어가 패션이라는 개념으로 정착되기 전 미국에서 언더웨어 사업으로 성공한 사람의 이야기입니다. 그는 젊어서 여러 가지 사업을 하다가 어려움을 겪었습니다. 그러다가 최후로 여자 속옷으로 재기하기로 하여 주위의 많은 반대를 무릅쓰고 사업에 도전을 하였습니다. 처음에는 어려움이 물론 많았지만 결국 그의 예상은 적중하여 부자가 되었습니다. 오스틴이라는 여성 사업가입니다. 그녀의 사업은 요즘말로 하면 특별히 틈새산업이라고 할 수 있는데, 뚱뚱한 여자들의 속옷만을 판매하였습니다. 그런데 오스틴이 성공한 것은 그녀의 말 때문이었습니다. 왜냐하면 오스틴은 대형속옷의 이름을 '뚱보형' 대신 '퀸 사이즈(여왕형)'라고 불렀기 때문입니다.

그녀는 계속해서 광고를 통하여 '퀸 사이즈'라는 말을 퍼뜨려 나갔습니다. 사람들은 부르기 좋고 듣기 좋은 이 말에 흥미를 가졌고 비만 때문에 고민하는 수많은 여성들에게 자신감을 심어주었습니다. 결국 오스틴의 성공 비결은 듣기 좋은 말에 있었습니다.

부정적인 언어는 비극적 인생을 만드는 재료가 되지만 소금을 치듯 한 말은 복이 됩니다. 우리는 그리스도인으로서 아름다운 말, 그리고 듣기 좋은 말을 하는 사람이 되어야 합니다.

● 야고보서 3:4-8에서 혀는 어떻게 비유됩니까?

2. 말은 마음의 상태를 나타냅니다.

우리 나라에서도 상영되었던 미국 헐리우드의 영화 〈타이타닉〉이 있습니다. 관객 196만명을 동원한 웅대한 스케일의 영화에서 주인공은 다름 아닌 타이타닉이라는 배인데, 1912년 영국이 만든 거대한 배로서, 4만6천3백t, 길이 2백59m인 초호화 여객선이었습니다. 타이타닉이란 이름은 그리스 신화에 나오는 거신족(巨神族) 타이탄의 이름을 따서 지은 것입니다. 사람들은 그 배를 "하나님도 침몰시킬 수 없는 배"라며 호기를 부렸습니다. 첫 출항을 위해 모여 든 2천2백8명을 태운 그 배는 미국으로 가는 도중 1912년 4월 14일 뉴펀들랜트 해역에서 빙산에 부딪혀 침몰하고 말았습니다. 승선자 중 사망자는 무려 1천5백13명으로 최고의 배가 일으킨 최대의 참사였습니다.

타이타닉호가 침몰한 이유는 무엇일까요? 첫째 타이타닉호는 빠르게 가려고 위험한 빙산 출몰 해역으로 들어갔습니다. 웬만한 빙산에도 끄덕없다는 자신감 때문이었습니다. 둘째, "전속력으로 항해하라. 모든 신문들이

타이타닉호를 세계에서 가장 빠른 배로 기록할 것이다." 라는 선장의 말 때문에 거듭되는 빙산의 경고에도 불구하고 그만 침몰하는 길로 가고 말았습니다. 교만은 파멸을 낳습니다. "교만은 패망의 선봉이요 넘어짐의 앞잡이"이기 때문입니다. 말은 마음의 상태를 나타내는 지표입니다.

● 악한 자의 말은 어떠합니까?(잠 6:12-19)

3. 아름다운 언어 생활을 위하여 노력합시다.

우리의 말이 모두 내면에서 우러나오는 것이 아니라면 아무런 쓸모가 없습니다. 그리스도의 빛을 주지 않는 말은 어둠을 더할 뿐입니다. 가장 좋은 방법은, 말하기 전에 먼저 생각해 보는 습관을 기르는 것입니다. 과장, 왜곡, 부분적인 인용, 사실의 은폐 등은 우리가 쉽게 빠지는 함정입니다. 무슨 말을 하든지 이 말은 진실한 말인가? 이 말은 친절한 말인가? 이 말은 필요한 말인가? 이 세 가지를 염두에 두고 합시다.

● 우리의 언어 생활의 표준은 무엇입니까?(엡 4:29)

● 우리가 구하여야 할 것은 무엇입니까?(전 12:10)

다같이 기도합시다

하나님 아버지, 우리 가정 속에서 먼저 아름다운 말이 넘치게 하여 주시옵소서. 가정에서 시작된 말이 이웃에까지 퍼져나가게 하여 주시옵소서. 매일 주님처럼 사랑의 소리를 발하며 살아가기를 원합니다. 예수님의 이름으로 기도드립니다. 아멘.

1. 반복하여 읽어봅시다.
"무릇 더러운 말은 너희 입 밖에도 내지 말고 오직 덕을 세우는 데 소용되는 대로 선한 말을 하여 듣는 자들에게 은혜를 끼치게 하라"(엡 4:29)

2. 지난 주 나의 생활 평가하기
100점 성도 : 부활의 기쁨을 누리며 살았습니다.
80점 성도 : 부활을 기뻐하며 한 주간을 살았습니다.
60점 성도 : 부활의 중요성을 기억하며 살았습니다.
40점 성도 : 부활을 생각하기에 힘이 들었던 한 주간이었습니다.

3. 실천합시다.
이번 주에는 아름다운 말을 실천하며 보냅시다.

4. 기도 제목을 나눕시다.
구역 식구들과 함께 기도 제목을 서로 나누며 통성으로 기도합시다.

제19과
효도하는 자녀가 됩시다

본문말씀 : 에베소서 6:1-3 / 찬송 : 452, 565, 559장

기독교는 최고 윤리의 종교입니다. 그러나 한국 초기의 기독교는 '불효의 종교'로 오해 받았습니다. 그것은 부모와 조상에게 제사를 드리지 않는다는 이유 때문이었습니다. 그러나 경건한 추도식으로 대체되면서 살아계신 부모님께 진실로 효도를 더 하는 것으로 기독교는 인정되어 왔습니다.

예수님은 실로 이상적인 자녀였습니다. 어릴 때부터 부모를 잘 섬겼을 뿐만 아니라, 아버지를 도와 목수로서 6남매 이상의 동생들의 생계를 돌보았습니다. 우리는 부모를 사랑하며 공경하며 주님께 복종하듯 복종해야 합니다. 또한 부모님의 생활 속의 경건과 영혼의 강건함을 위해 기도할 의무가 있습니다.

1. 부모님의 권위를 인정해야 합니다.

우리는 부모님의 권위를 인정해야 합니다. 왜냐하면 그 권위를 소급해 올라가면 결국 거기에는 하나님이 계시기 때문입니다. 노아는 일평생 묵묵히 가정을 지키며, 안전한 항구에까지 무사히 도착한 위대한 선장과도 같은 사람입니다. 세상 많은 사람들의 편견과 조롱 속에서도 오직 하나님만 바라보며 방주와 가정을 지킨 사람입니다. 우리는 그런 노아에게서 '역전의 노장'을 보게 됩니다. 하지만 노아도 정년퇴직할 때가 온 것입니다.

이제 막 자라나고 사회적으로 성공해 가는 자녀들의 입장에서 보면 그런 아버지가 초라해 보입니다. 아버지는 자식들을 위해 모든 노동력을 다 빼앗겼지만, 자녀들은 아버지의 그 피와 땀으로 장성하게 된 것입니다.

그런데 어느 날 자녀들의 눈에 초라한 아버지의 모습이 나타납니다. 실수도 곧잘 합니다. 그러다가 늙고 병이 들면, 아버지의 역할은 사라지고 오히려 자녀들에겐 짐이 되기 시작하는 것입니다. 그때 자녀들이 취해야 할 태도는 무엇입니까?

● 사람 간의 첫 계명은 무엇인지 살펴봅시다(출 20:12).

● 하나님을 경외함에 뒤따라야 하는 것은 무엇입니까?(레 19:32)

2. 부모님께 순종해야 합니다.

한국사회는 지금까지 '군사부일체'라는 유교윤리로 지탱되어 왔습니다. 그런데 어느 날 서구의 수평적 윤리가 들어와서 서열문화를 삼켜 버렸습니다. 그러자 한국인의 의식구조는 '양복 입고 갓 쓴' 꼴이 되어 버렸습니다. 그러면 그리스도인은 효도에 대해서, 아버지에 대해서 어떤 생각을 가져야 할까요? 성경을 통해 알아보겠습니다.

● 모리아산의 이삭의 모습에서(창 22:9-10).

● 르호보암의 형편과 태도에서(왕상 12:6-11)

3. 부모님께 효도해야 합니다.

참 신앙인들 가운데서 효도하는 사람들을 빼면 아무도 남지 않는다는 사실을 아십니까? 믿음의 사람들은 무엇보다 가정의 중요성을 깨닫고 효를 다해 부모를 모시는 것입니다.

훌륭한 위인들의 배후에는 반드시 훌륭한 부모가 있었습니다. 모세의 뒤에는 요게벳, 사무엘 뒤에는 한나, 어거스틴의 뒤에는 모니카, 존 웨슬리 뒤에는 수산나가 있었습니다. 그리고 우리 뒤에도 세상에서 단 한 분뿐인 아버지와 어머니가 계십니다.

"우리는 훌륭한 자녀입니까?" 이것은 "우리 부모는 훌륭한 부모인가?"에 선행되어야 할 질문입니다. "뭘 아신다고 그러세요." 라고 말해도 될까요? 기억하세요. 우리들의 걸음마를 그분들이 가르쳤고 숟가락 드는 법도 그분들이 가르쳤습니다. 오늘의 나는 정녕 부모님이 계시기에 성장한 것입니다.

● 참 효도의 단서는 무엇입니까?(엡 6:1)

● 효행 이전에 있어야 될 것은 무엇일까요?(엡 6:2)

다같이 기도합시다

하나님 아버지, 우리가 무엇보다 자녀다운 자녀로 서게 하여 주시옵소서. 가정 속에서 먼저 부모에 대한 공경이 나타나게 해주시고 아름다운 사랑이 넘치게 하여 주시옵소서. 그래서 가족 간의 사랑이 우리 가정에 넘치게 하여 주시기 원합니다. 예수님의 이름으로 기도드립니다. 아멘.

1. 반복하여 읽어봅시다.
"자녀들아 주 안에서 너희 부모에게 순종하라 이것이 옳으니라"(엡 6:1)

2. 지난 주 나의 생활 평가하기
100점 성도 : 가정의 화목을 위해 먼저 솔선수범했습니다.
80점 성도 : 가정의 화목을 위해 기도하였습니다.
60점 성도 : 가정 화목의 중요성을 느끼며 살았습니다.
40점 성도 : 가정 화목의 필요성을 느끼며 살았습니다.

3. 실천합시다.
이번 주에는 부모님께 사랑의 편지를 씁시다.

4. 기도 제목을 나눕시다.
구역 식구들과 함께 기도 제목을 서로 나누며 통성으로 기도합시다.

제20과
가정을 바로 세웁시다

본문말씀 : 마태복음 19:4-6 / 찬송 : 364, 361, 365장

하도리 아끼라의 〈행복의 문〉을 보면, 어떤 사람이 자기 가정이 복잡하여 고민하고 있었습니다. 남편은 아내와 말다툼하고, 형제는 서로 싸우고, 친자는 서로 욕하는 상태였습니다. 서로가 서로를 미워하고 집안엔 불평만 가득 찼습니다. 이웃집은 친자 2대의 대가족이므로 옥신각신하기 쉬울 터인데 풍파도 없이 언제나 온화했습니다. 그래서 아주 감동이 되어 물어봤습니다. "댁은 어떻게 그리 평화스럽습니까?"

그런데 대답은 이상했습니다. "댁은 선한 사람만 한데 모였지만 우리 집은 악한 사람뿐입니다." 놀라워하는 얼굴을 보고 그 이웃 사람은 이렇게 설명하였습니다. "댁에서 가령 실수하여 항아리를 깼다고 합시다. 즉시 '누구야, 이런 곳에 분재를 놓아둔 놈은?', '당신은 눈뜬 소경이요?' 라고 하게 되지요. 모두 저마다 잘했다고 합니다. 그런데 우리 집에서는 '아, 내가 그런 곳에 놓아둔 것이 잘못이었어요.', '아뇨, 제가 부주의한 탓이지요.' 하고 모두 자기 자신이 나쁜 사람이 됩니다. 그래서 집안이 평화롭고 안정이 되지요." 이것이 평화를 만들어 내는 사람들입니다.

1. 가정의 기초를 하나님이 세우셨습니다.

가정의 제도를 만드신 이도, 결혼의 성결한 제도를 만드신 이도 주님이십니다. 왜냐하면 사람은 결코 혼자 살 수 없고 필연적으로 돕는 배필이 필요하기 때문입니다. 그러므로 우리는 이런 귀한 가정의 제도를 알고 그 제도를 파괴하려는 마귀의 음모를 강력하게 이겨 나가야 하겠습니다.

● 결혼에 대한 하나님의 뜻은 무엇입니까?(마 19:4-6)

2. 가족 간에 도리가 있습니다.

당신이 당신의 가족들을 위해 해야 하는 일들은 무엇이라고 생각하십니까? 행복한 가정생활을 위하여, 가족들에 대한 제일의 의무는 무엇일까요? 성경은 여러모로 가정의 질서에 대하여 말씀하고 있습니다. 가정에서는 가족 서로 간에 지켜야 할 의무가 있습니다. 부부가 함께 그리스도에게(엡 5:2), 또 자녀가 부모에게(엡 6:1-3), 그리고 아비가 자녀에게(엡 6:4) 해야 할 도리가 있습니다.

● 가족에 대한 의무는 무엇입니까?(딤전 5:8)

● 특히 여기서 "돌아본다"는 것은 무엇을 의미하는 것입니까?

3. 가정예배를 드립시다.

기독교인으로서의 진정한 효도는 부모님이 구원을 받도록 끊임없이 기도하는 일입니다. 그리고 믿는 가정이라면 주님께서 세우신 가정의 질서와 의무에 따라야 할 것이며, 자신에게 주어진 책임을 다하여야 할 것입니다. 그리고 가정에서는 하나님의 말씀을 공부하고 배우는 일을 반드시 해야 합니다.

그리스도인들은 무엇보다 가정을 천국으로 만들어야 합니다. 교회를 열심히 다닌다고 해서 가정에 대한 우리의 의무나 책임이 사라지는 것이 아님을 명심하십시오. 모든 행복의 근원은 가정으로부터 나오는 것임을 명심하여 우리의 가정을 더욱 아름답게 만들어야 하겠습니다.

● 가정예배의 필요성과 유익에 대해 말씀해 보십시오(욥 1:5).

● 기독교인의 가정에서는 어떤 것이 필요합니까?(신 4:9-10)

다같이 기도합시다

하나님 아버지, 우리 가정이 주 안에서 건강하고 천국같이 되게 하여 주시옵소서. 가정을 통하여 하나님께 감사드릴 것이 많게 도와주시옵소서. 그리고 우리 가정을 통해 하나님의 영광을 드러내기 원합니다. 예수님의 이름으로 기도드립니다. 아멘.

1. 반복하여 읽어봅시다.
"그러나 너희도 각각 자기의 아내 사랑하기를 자신같이 하고 아내도 자기 남편을 존경하라"(엡 5:33)

2. 지난 주 나의 생활 평가하기
100점 성도 : 부모님께 효도의 마음을 나타냈습니다.
80점 성도 : 부모님께 감사의 말씀을 드렸습니다.
60점 성도 : 효의 필요를 느끼며 살았습니다.
40점 성도 : 효를 실천하고 싶었습니다.

3. 실천합시다.
가정 천국을 이루기 위해 노력하며 살기를 약속합시다.

4. 기도 제목을 나눕시다.
구역 식구들과 함께 기도 제목을 서로 나누며 통성으로 기도합시다.

제21과
가정 천국을 만듭시다

본문말씀 : 에베소서 5:22-30 / 찬송 : 597, 330, 450장

"즐거운 곳에서는 날 오라 하여도 내 쉴 곳은 작은 집 내 집 뿐이리." 이 노래는 우리가 잘 아는 노래입니다. 그러나 정작 우리네 가정은 늘 그렇게 평화롭고 즐겁지마는 못한 것 같습니다. 왜 그럴까요? 아무래도 가정이 과거에 지녔던 의미를 거의 상실하고 있기 때문일 것입니다. 그래서 집(house)은 있어도 가정(home)은 없어졌다고들 합니다. 우리 가정에서 일어나는 아주 작은 일들까지도 하나님만큼 잘 아시는 분은 없습니다. 그리고 그분은 우리 가정을 여전히 돌보고 계십니다.

1. 가정은 하나님이 만드셨습니다.

교회보다 먼저 세우신 이 땅의 제도가 가정입니다. 그러므로 가정은 작은 교회요, 교회는 확대된 가정입니다. 최초의 주례자가 하나님이셨다는 것은 가정에 대한 하나님의 특별한 계획을 알려주는 증거입니다(창 2:22).

● 에베소서 5:22-25에서는 가정의 질서를 보여주고 있습니다. 가정 질서의 기초는 무엇을 인정하는 것에서 출발합니까?

2. 가정에 충실해야 합니다.

지금 미국에는 한 여성의 이야기가 잔잔한 감동을 주고 있습니다. 브렌다

반즈, 43세, 펩시콜라 회사의 미국 담당 최고 경영자로서 그는 미국 여성 중 가장 많은 연봉을 받았습니다. 그녀는 22살에 펩시콜라에 입사해서 한 우물을 팠습니다. 그러다가 1999년 4월 마침내 이 회사의 두 번째 고위직에 올랐습니다. 그녀는 회사의 기대에 부응하듯 지난 한 해 동안 77억 3천만 달러, 우리 돈으로 약 7조원이나 되는 판매고를 올렸습니다. 순수익만 1조3천억원이 되는 엄청난 돈을 벌어들인 것입니다.

그러나 이제 7,8,10세된 세 명의 자녀에게는 좋은 어머니가 못되었습니다. 늘 아이들의 학예회를 비디오 테이프로 보는 것에 만족해야 했고, 아이들의 생일도 그냥 지나치기 일쑤였습니다. 그러던 그녀가 회사를 그만두고 가정으로 되돌아왔습니다. 이 사건을 두고 미국에서는 새로운 가정복귀운동이 일어나고 있다고 합니다. 하나님은 여자들에게는 가정을 책임질 사명을 주셨습니다. 여성들이 가정에 충실한 것은 남성들이 바깥에서 충실하는 것 이상으로 고귀한 것입니다. 가정은 남녀가 성경적인 원리에 충실할 때에 행복하게 됩니다. 자신의 위치에 서 계십시오.

3. 그리스도인의 가정은 모범이 되어야 합니다.

그러나 여전히 가정에 문제를 일으키는 요인들이 있습니다. 그 첫째가 부모의 편애입니다(창 25:28). 그리고 거역하는 아들들입니다(마 21:28-32). 그러면 어떻게 가정의 문제들을 해결할 수 있을까요?

다음의 이야기를 생각해 봅시다. 한 가정에 두 형제가 있었습니다. 형제의 아버지는 심각한 알코올 중독자였습니다. 어머니는 술 취한 아버지를 향해 고함을 질러댔습니다. 형제는 열악한 환경에서 성장했습니다. 20년 후 형제의 인생은 완전히 갈리고 말았습니다. 형은 의과대학의 저명한 교수가 되어 "금주운동"을 전개했고 동생은 알콜 중독자가 되어 병원에 입원해 있었습니다. 두 사람은 자신의 현실에 대해 "알코올 중독자인 아버지 때문에…" 라고 동일한 답변을 했습니다. 형은 비극적인 환경을 교훈 삼아 희망의 삶을 개척했지만 동생은 환경의 노예가 되어 가계에 흐르는 저주를 그대로 이어받았습니다.

모든 그리스도인의 가정은 그리스도를 위해 개방되고 사용되어야 합니다. 그리스도인의 가정은 사는 모습을 특히 불신자들에게 보여줌으로 복음을 증거할 기회로 삼아야 합니다. 가정은 선교의 전초기지이며 사회와 세계를 변화시킬 수 있는 곳입니다.

● 가정의 참 주인은 누구십니까?(행 16:31)

● 당신의 가정에서 당신이 하는 일은 어떤 것이 있습니까?

● 궂은 일을 도맡는 것을 어떻게 생각하십니까?

● 불신 가족을 어떻게 대하는 것이 바람직하다고 생각하십니까?

다같이 기도합시다

하나님 아버지, 아름다운 믿음을 가진 자로 만족하지 않고 실천하는 신자로 살아가게 하여 주시옵소서. 항상 가정 천국을 먼저 이루어내는 책임을 지게 하여 주십시오. 우리 가정을 온전히 작은 교회와 같이 사용하여 주십시오. 하나님의 말씀으로 가정을 채우게 하여 주시옵소서. 예수님의 이름으로 기도드립니다. 아멘.

1. 반복하여 읽어봅시다.
"아내들이여 자기 남편에게 복종하기를 주께 하듯 하라"(엡 5:22)

2. 지난 주 나의 생활 평가하기
100점 성도 : 가정 천국을 이루기 위해 항상 말씀대로 살았습니다.
80점 성도 : 가정 천국의 중요성을 느끼며 기도하며 살았습니다.
60점 성도 : 가정 천국의 필요성을 느끼며 살았습니다.
40점 성도 : 효를 실천하고 싶었습니다.

3. 실천합시다.
이번 주에는 부부 간에 사랑의 편지를 씁시다.

4. 기도 제목을 나눕시다.
구역 식구들과 함께 기도 제목을 서로 나누며 통성으로 기도합시다.

6월
실천하는 신앙의 달

"너희는 이 세대를 본받지 말고
오직 마음을 새롭게 함으로 변화를 받아
하나님의 선하시고 기뻐하시고
온전하신 뜻이 무엇인지 분별하도록 하라"
(롬 12:2)

제22과
분노를 다스리며 삽시다

본문말씀 : 누가복음 15:28-32 / 찬송 : 190, 183, 197장

신록이 점점 푸르러 가는 계절입니다. 푸른 하늘처럼 산다면 얼마나 좋을까요? 하지만 분노로 인해 우린 때로 먹구름 가득한 마음이 됩니다. 당신이 분노를 터뜨렸던 일은 무엇 때문입니까? 그리고 그 뒤처리를 어떻게 하셨습니까? 화를 억제치 못하여 저질렀던 일을 뒤늦게 후회한 적은 없습니까? 당신은 분노와의 싸움에서 지고 난 뒤의 씁쓸함을 아마 경험하셨을 것입니다. 가나안 복지를 눈앞에 두고 임종을 맞아야 했던 모세의 심정을 아십니까?(신 34:4) 분노는 순간적이지만 그 결과는 길기 마련입니다.

1. 분노를 잘 다스려야 합니다.

사람이라면 누구나 분노할 수 있습니다. 부당한 분노는 다음의 경우에서 일어날 수 있습니다. 맏아들의 경우처럼 그릇된 동기에서(눅 15:28-32), 요나의 경우처럼 일이 내 뜻대로 되지 않을 때(욘 4:1-4), 너무 조급한 반응(전 7:8-9)에서 일어납니다.

그러나 정당한 분노도 있습니다. 오히려 마땅히 말을 해야 할 때 입을 다무는 것은 비겁이요, 더 나아가 거짓 증거입니다. 하나님의 말씀과 뜻에 불순종할 때(출 32:19-20), 불의한 자들에 대하여(사 5:23), 거짓과 위선에 대하여(마 23:13-15) 우리는 분노해야 합니다.

중국의 장 공예라는 사람의 집에는 9대(代)가 동거했다고 합니다. 하루는 한 친구가 찾아와 9대가 아무 소란 없이 동거할 수 있는 비결을 물었습니다. 그러자 장 공예는 그 친구를 광으로 데리고 가 독의 뚜껑을 열어 그

속을 보여 주었습니다. 그 속에는 흰 종이가 가득 들어 있었습니다. 그 친구가 종이들을 꺼내 보니 각 종이마다 '참을 인'(忍)자가 쓰여 있었던 것입니다. 이에 장 공예는 덧붙여 설명하기를 "불안과 불평이 없는 집이 어디 있겠소. 우리 집도 역시 마찬가지지. 그러나 불안과 분노가 생길 때마다 참을 인(忍)자를 써서 독에 넣고 참아 온 것이라오." 라고 말했습니다. 성경은 "여호와 앞에 잠잠하고 참아 기다리라"(시 37:7), "이르시되 너희는 가만히 있어 내가 하나님 됨을 알지어다"(시 46:10)라고 말씀하고 있습니다.

2. 분노와의 싸움에서 승리합시다.

평화를 이루시는 하나님의 역사는 인간의 노력이나 열정으로 인해 이루어지는 것이 아닙니다. 그것은 전적으로 하나님의 섭리와 기쁘신 뜻에 의해 이루어지는 것입니다. 그러므로 우리는 그 뜻이 이루어지기를 기다리기만 하면 됩니다.

우리의 투쟁을 그치고, 하나님과의 변론을 중단하고, 그의 뜻이 무엇이며 그가 원하시는 바가 무엇이고 우리가 행해야 할 바가 무엇인지를 조용히 묵상해야 하는 것입니다. 그리하여 그의 평안이 우리에게 임하기를, 그리고 평화가 완성되는 그의 나라가 이 땅에 속히 실현되기를 열망하며 조용히 우리에게 주어진 삶을 최선을 다해 살아가야 할 것입니다.

지나치게 냉소적이고 남의 악을 들추고 공격하는 데 열을 올리고 쾌감을 느끼는 것은, 자신의 죄책감을 남에게 투사시키는 행위입니다. 프란시스는 금식 중에 제자가 견디지 못하고 죽을 먹어버렸을 때 자신도 못 견디는 척 죽을 한 그릇 먹고 그의 약점을 덮어주었습니다. 그리스도인은 그런 면을 가져야 합니다.

숫자 10은 성경에서 인내를 가리킬 때 주로 많이 쓰인 숫자입니다. 야곱은 열 번 바뀐 품삯을 참았고, 욥도 친구로부터 열 번의 모욕을 참아야 했습니다(욥 19:3). 화가 치밀 때 열까지 천천히 헤아리십시오.

● 사소한 의견 차이에는 어떻게 해야 할까요?(잠 19:11)

● 대화 가운데서 어떻게 분노를 다스려야 합니까?(잠 27:4-6)

● 분노를 자제치 못함으로 빚었던 실수에 대하여 한 가지씩 얘기해 봅시다.

다같이 기도합시다

하나님 아버지, 아름다운 가정을 이루기 위해 무엇보다 먼저 자신의 마음부터 다스려 섬기는 모범을 보여주게 도와 주시옵소서. 항상 가족의 마음을 따뜻하게 하는 사람이 되기를 원합니다. 예수님의 이름으로 기도드립니다. 아멘.

1. 반복하여 읽어봅시다.
"분을 내어도 죄를 짓지 말며 해가 지도록 분을 품지 말고 마귀에게 틈을 주지 말라"(엡 4:26-27)

2. 지난 주 나의 생활 평가하기
100점 성도 : 가정예배를 드리며 살았습니다.
80점 성도 : 가정예배를 위하여 애쓰며 살았습니다.
60점 성도 : 가정예배의 필요성을 느끼며 살았습니다.
40점 성도 : 가정예배 드리기를 바라며 살았습니다.

3. 실천합시다.
이번 주에는 나의 분노로 인해 상처를 입었던 사람에게 전화나 엽서를 띄웁시다.

4. 기도 제목을 나눕시다.
구역 식구들과 함께 기도 제목을 서로 나누며 통성으로 기도합시다.

제23과
이웃을 섬기며 삽시다

본문말씀 : 요한일서 4:16-21 / 찬송 : 240, 516, 511장

이웃은 대립과 경쟁의 상대가 아닙니다. 오히려 사랑과 신앙을 나누는 대
상입니다. 사람들은 사랑이 중요하지 않다고 생각지는 않습니다. 그러나
사랑에 굶주려 있습니다. 그래서 행복한 사랑과 불행한 사랑을 다룬 수많
은 영화를 보며, 사랑에 대한 여러 가지 쓸모없는 노래를 듣지만 사랑에 대
해 무엇인가를 배워야만 한다고 생각하는 사람은 거의 없습니다.

　나 이외의 사람은 모두 이웃입니다. 가족도, 학급의 친구도, 길에서 스
치는 사람들도, 그리고 내가 평생 얼굴도 보지 못한 아프리카의 흑인들도
나의 이웃입니다.

1. 남을 배려할 줄 알아야 합니다.

일류대학을 나와 고등학교의 수학 선생님으로 부임한 여교사가 있었습니
다. 올케가 승용차를 가져와 시누이인 자신에게 주었는데 두 번인가 차를
몰고 다니는 것 같더니 그냥 놔두고 다닙니다. 차가 있는데도 왜 그 고생을
하느냐고 했더니 우선 학생들에게 덕이 되지 못하는 것 같고, 콩나물시루
같은 버스로 통학하는 학생들에겐 그런 고통을 모르는 선생님으로 인정되
는 것 같아 자기도 버스통학을 하겠노라고 하더라는 것입니다.
우리가 예수의 이름으로 사는 사람이라면 최소한 그녀 정도의 생각은 하
며 살아야 할 것 같다는 생각이 듭니다. 이런 작은 마음씀으로 인해서도 우
리의 이웃에게 기쁨을 줄 수도 있고, 상처를 줄 수도 있음을 생각할 때 다
시 한번 삶은 나의 것일 수만은 없다는 생각이 듭니다.

우리는 주님 때문에 조금 손해볼 수 있는 사람이 되어야 합니다. 그 모습은 어느 것보다 아름답습니다.

● 예수님의 이웃은 누구였는지 생각해 봅시다(요 15:15).

● 여리고로 가는 길에서 강도 만난 사람의 진정한 이웃은 누구였나요?(눅 10:36-37)

2. 이웃을 사랑하는 것은 당연한 것입니다.

슬픔은 나눌수록 적어지지만, 사랑은 나누면 나눌수록 더욱 커집니다. 신앙의 리터머스 시험지라고 할 수 있는 것은 사랑입니다(요일 4:20). 이웃 사랑은 하나님의 원하시는 바입니다(시 34:12).

● 그러면 이웃 사랑의 동기는 어떠해야 할까요?(요일 4:19)

3. 구체적으로 사랑합시다.

그리스도인의 선행은 구제, 연보, 박애행위, 순종 등 외적으로 나타나지만 더 중요한 것은 행동 뒤의 동기입니다. 우리는 다른 사람을 필요로 합니다. 그들이 없다면 우리의 삶은 활기가 없고 무의미해질 것입니다. 그러나 그들과의 접촉은 종종 실망을 가져다줍니다. 그들과 만난 후 집으로 오는 길에 '뭔가 허전한데?' 라는 생각이 든다면 좀 더 그들과 솔직해지지 못했기 때문입니다. 진정한 교제란 서로 사랑하고, 짐을 져 주고, 하나됨이 있는 것입니다. "우리 각 사람이 이웃을 기쁘게 하되 선을 이루고 덕을 세우도록 할지니라"(롬 15:2)

우리 이웃은 구체적으로 어떤 사람들이 있습니까? 그들 중에 우리의 사랑이 필요한 이들은 누구입니까? 전 세계를 사랑한다고 하는 것은 어려운 일이 아닙니다. 참으로 문제가 되는 것은 내 이웃에 대한 사랑입니다.

● 사랑은 어떻게 나타나야 할까요?(요일 3:18)

● 물질적으로 돕되 어떻게 도와야 할까요?(갈 6:9-10)

다같이 기도합시다

하나님 아버지, 이웃에 대한 우리의 사랑과 책임을 잊지 않게 하여 주시니 감사합니다. 항상 먼저 이웃에 대한 사랑을 생각하게 해주시고, 실천하는 신앙인이 되게 하여 주시옵소서. 매일 주님처럼 사랑의 소리를 발하며 살아가기를 원합니다. 예수님의 이름으로 기도드립니다. 아멘.

1. 반복하여 읽어봅시다.

"누구든지 하나님을 사랑하노라 하고 그 형제를 미워하면 이는 거짓말하는 자니 보는 바 그 형제를 사랑하지 아니하는 자는 보지 못하는 바 하나님을 사랑할 수 없느니라"(요일 4:20)

2. 지난 주 나의 생활 평가하기

100점 성도 : 분노를 참으며 살았습니다.
80점 성도 : 분노가 나올 때마다 이기기 위하여 애썼습니다.
60점 성도 : 분노를 이길 필요를 느끼며 살았습니다.
40점 성도 : 분노를 이기기를 바라며 살았습니다.

3. 실천합시다.

이번 주에는 이웃에 대한 사랑을 실천합시다.

4. 기도 제목을 나눕시다.

구역 식구들과 함께 기도 제목을 서로 나누며 통성으로 기도합시다.

제24과
사랑을 실천합시다

본문말씀 : 마가복음 14:1-9 / 찬송 : 439, 144, 549장

서기관 중 한 사람이 예수께 나아와 "모든 계명 중에 첫째가 무엇이니이까?"(막 12:28) 라고 질문을 하였습니다. 그러자 예수님은 "네 마음을 다하고 목숨을 다하고 뜻을 다하고 힘을 다하여 주 너의 하나님을 사랑하라 하신 것이요 둘째는 이것이니 네 이웃을 네 몸과 같이 사랑하라 하신 것이라 이에서 더 큰 계명이 없느니라"(막 12:30-31)고 대답하십니다. 우리들의 삶 속에서 가장 중요한 것은 곧 사랑이라고 할 수 있습니다.

오늘은 으뜸 되는 계명에 대해서 살펴보면서, 하나님을 사랑하고 이웃을 내 몸과 같이 사랑하는 구역 식구들이 되기를 원합니다.

1. 으뜸 되는 계명은 사랑입니다.

성경 시대 초기 교육은 거의 대부분이 가정에서 이루어졌으며, 선생은 곧 부모들이었습니다(신 4:9). 가정 교육은 성경 시대 전체에서 매우 중요하게 여겨지고 있었습니다. 회당이 발달해감에 따라 젊은이들은 그 회당 안에서나 인근 건물에서, 그리고 조금 더 시간이 지나서는 선생의 집에서 교육과 훈련을 받았습니다. 뛰어난 랍비들은 자신의 학교를 가지고 있었습니다. 랍비 중 많은 사람들이 교역, 장사를 배우기도 했습니다(고전 9:3 이하 참고).

한 서기관이 예수님이 사람들과 변론하는 모습을 보았습니다. 적절하게 대답하는 것을 듣고 예수님께 나아와 첫째되는 계명이 무엇이냐고 묻습니다. 그때 예수님은 사랑을 말씀하셨습니다. 하나님 사랑과 이웃 사랑, 이

것은 예수님이 우리에게 주신 계명입니다.

● 예수님의 말씀의 뜻을 새기며 내가 하나님과 화목치 못하게 한 죄들을 모두 적어보세요.

● 내가 사랑해야 하고 용서해야 할 사람들의 이름을 적어보세요.

2. 우리의 옥합을 깨뜨려야 합니다.

대제사장과 서기관들은 점점 예수를 죽이려는 음모를 더해 가는데, 베다니에서 한 여인은 자신의 정성이 담긴 향유를 예수의 머리에 부음(막 14:3-9)으로 예수님의 죽음을 준비합니다. 한 데나리온이 노동자의 하루 품삯이라면, 300데나리온의 향유는 거의 일 년 치의 품삯을 지불해야 살 수 있는 가치 있는 것이었습니다. 그런데 오늘 한 여인은 예수님을 위해 향유를 깨뜨립니다. 그것은 그의 전 삶과 전 소유를 드린 것과 같았습니다.

● 절대 헌신의 조건은 무엇인가요? 절대 헌신을 할 때 우리에게 주어지는 것은 무엇인가요?(막 14:9; 시 37:5-6)

3. 주께 하듯 이웃을 돌보아야 합니다.

톨스토이가 쓴 이야기 중에 이런 내용이 있습니다. 어느 구두 수선공이 늘 예수님을 만나보고 싶어했습니다. 어느 날 꿈속에 예수님이 나타나 "내일 네 집에 가겠다"고 하셨습니다. 그래서 그는 대단히 기뻐하며 음식을 차려 놓고 예수님을 기다렸습니다.

그러나 예수님은 오시지 않고 한번은 거지가 오고, 또 한번은 청소부 영감이, 저녁때는 사과장수 아주머니가 왔습니다. 모두 가난하고 추위에 떨고 있었습니다. 그래서 그는 불쌍한 사람들에게 예수님을 위해 준비했던 음식을 먹였습니다.

그날 밤 꿈속에 다시 예수님이 나타나셔서 "나는 오늘 너희 집에 세 번이나 가서 세 번 다 잘 대접 받았다. 참으로 너는 나를 사랑하는 사람이다. 네 이웃에 사는 보잘것없는 사람을 대접하는 것이 곧 나를 대접하는 것이다" 라고 했다고 합니다.

● 내가 주님께 드릴 헌신은 어떤 것들이 있을까요? 서로 돌아가며 발표해 봅시다.

다같이 기도합시다

하나님 아버지, 예수님께서 인간의 몸을 입고 이 땅에 오시지 않으셨다면 우리의 믿음도 헛것이요, 우리의 구원도 헛것입니다. 주님의 고난을 생각하며 주의 사랑을 전하길 원합니다. 우리의 매일의 삶이 그리스도께 헌신하는 삶이 되기 원합니다. 주를 위해 사랑하며 살게 하옵소서. 예수님의 이름으로 기도드립니다. 아멘.

1. 반복하여 읽어봅시다.

"내가 진실로 너희에게 이르노니 온 천하에 어디서든지 복음이 전파되는 곳에는 이 여자가 행한 일도 말하여 그를 기억하리라 하시니라"(막 14:9)

2. 지난 주 나의 생활 평가하기

100점 성도 : 이웃에게 먼저 다가가 그들을 위해 섬기며 살았습니다.
80점 성도 : 이웃에게 따뜻한 말로 먼저 다가갔습니다.
60점 성도 : 기회가 닿는 대로 이웃에게 친절히 대했습니다.
40점 성도 : 이웃 사랑의 필요를 느끼며 살았습니다.

3. 실천합시다.

이번 주에는 주께 온전한 헌신을 생각하면서 보냅시다.

4. 기도 제목을 나눕시다.

구역 식구들과 함께 기도 제목을 서로 나누며 통성으로 기도합시다.

제25과
참된 교제를 나눕시다

본문말씀 : 요한일서 1:3-7 / **찬송** : 337, 340, 400장

필리핀의 한 법학도가 미국으로 유학을 갔습니다. 그는 독실한 카톨릭 신자였습니다. 미국에서 맞은 첫 주일, 그의 룸 메이트가 자기가 나가는 감리교회에 나가자고 했습니다. 비가 오는 주일 그는 친구를 따라 교회에 나가 예배를 드렸습니다.

예배가 끝나자 목사님은 필리핀에서 온 유학생을 소개하고 따뜻하게 환영했습니다. 교인들은 그에게 점심을 대접하고 관광을 시키는 등 자기 자식처럼 영접했습니다. 저녁에는 성경 공부하는 곳으로 그를 데려 갔습니다. 독실한 카톨릭 신자인 그는 카톨릭 교회에서는 볼 수 없는 친교와 사랑과 뜨거운 교제를 체험하고 나서 매 주일 감리교회에 출석하기 시작했습니다. 마침내 그는 4년 동안의 법학 공부를 마치게 되었습니다. 그런데 그는 법학 학위를 가지고 고국으로 돌아가는 것이 아니라 복음을 들고 돌아가야겠다고 생각하고 다시 신학을 공부했습니다. 그 후 그는 목사가 되어 필리핀으로 돌아갔습니다. 그가 바로 비숍 바렌티어입니다.

오늘 내가 교회 안에서 그리스도의 교제로 베푸는 작은 정성으로 인해 나라와 사회의 운명을 변화시킬 수 있는 놀라운 역사가 일어나는 것입니다.

1. 구원의 기쁨을 나누는 것입니다.

교제를 할 때 먼저 기억할 것은 영생의 소유입니다. 예수 그리스도와 교제하는 사람은 또한 예수 그리스도와 교제하는 다른 사람과도 교제합니다.

이것이 우리의 공통 근거입니다.

먼저 교제라는 의미를 알려면 "코이노니아"라는 용어를 알아야 합니다. 이 말의 다른 형태인 "코이노스"는 '동료'를 의미하며, 또 "코이노네오"는 '동료, 공유자 또는 동참자가 되는 것'을 의미합니다. 교제는 당신이 구원받을 때 일어나는 일이고, 기쁨은 당신이 하나님의 원리에 복종할 때 일어나는 일입니다.

● 교제의 공통 근거는 무엇입니까?(요일 1:3)

● 복음의 목표를 무엇이라고 말할 수 있을까요?(요일 1:3)

2. 빛 가운데 거해야 합니다.

교회 내에는 두 종류의 사람이 있다고 말하고 있습니다. 첫째는 교제 속에 있는 사람들이고(6절), 다른 한 사람은 교제 속에 있다고 하면서 여전히 어두움 속에 있는 자들이라고 말하고 있습니다. 그리스도인은 어떠한 때에도 어두움 가운데 있지 않습니다. 당신이 교제 안에 있다면 당신은 빛 가운데 있는 것입니다. 당신이 지금 죄를 지을 수도 있지만, 당신은 빛 가운데서 하나님과 당신 자신의 양심 앞에 완전한 책임을 지고, 또 완전히 드러내 놓고 행하고 있는 것입니다.

● 말하는 자들이 나아와서 "우리는 교제를 갖고 있다", "우리는 교제 안에 있다"라고 말합니다. 그러나 그들이 어두움 가운데 행하고 있다면 본문은 무엇이라고 말하고 있습니까?(요일 1:6)

3. 교제의 열쇠는 사랑입니다.

빛 가운데 행하는 자들은 그리스도인들을 언급하는 것입니다. 이는 주님과 교제를 갖고 있는 자들입니다. 교제는 어떠한 사람들로 이루어지는지 생각해 보아야 합니다.

교제의 기초는 구원입니다. 그리고 교제의 본질은 함께하는 것입니다. 사도행전 2:41에 따르면 예루살렘의 초대 교회는 첫날에 3천명이 구원을 받고 세례를 받았습니다. 이것이 교회의 탄생입니다. 그리고 교회는 태어나자마자 교제를 가졌습니다(42절). 그들은 모두 구원받은 사람이었고 예루살렘 초대 교회의 특징은 성장했다는 것입니다(47절). 그리고 그들은 모두 나누었습니다(44-45절). 그러므로 교회에 있어 연합의 열쇠는 교제입니다. 교회에 있어 교제의 열쇠는 사랑입니다. 교회에 있어 사랑의 열쇠는 겸손입니다.

● 교제의 본질을 찾아봅시다(행 2:41-47).

118

다같이 기도합시다

하나님 아버지, 그리스도 안에서 한 몸이 되어 참된 교제를 경험케 하시니 감사합니다. 그리스도의 피를 나누어 가진 귀한 형제로서 서로 아름다운 교제를 날마다 이루게 하여 주시옵소서. 우리가 진리와 빛 안에서 항상 새로운 교제의 즐거움을 나누며 살기를 원합니다. 예수님의 이름으로 기도드립니다. 아멘.

1. 반복하여 읽어봅시다.
"그가 빛 가운데 계신 것 같이 우리도 빛 가운데 행하면 우리가 서로 사귐이 있고 그 아들 예수의 피가 우리를 모든 죄에서 깨끗하게 하실 것이요"(요일 1:7)

2. 지난 주 나의 생활 평가하기
100점 성도 : 하나님과 이웃을 사랑하며 살았습니다.
80점 성도 : 이웃 사랑의 필요를 알고 한 주간을 살았습니다.
60점 성도 : 사랑의 중요성을 기억하며 살았습니다.
40점 성도 : 사랑의 필요는 알지만 실천하기는 어려웠습니다.

3. 실천합시다.
이번 주에는 교제를 깊이 경험하는 한 주간이 됩시다.

4. 기도 제목을 나눕시다.
구역 식구들과 함께 기도 제목을 서로 나누며 통성으로 기도합시다.

7월
덕을 세우는 달

"그러므로 너희가 더욱 힘써 너희 믿음에 덕을,
덕에 지식을, 지식에 절제를, 절제에 인내를,
인내에 경건을, 경건에 형제 우애를,
형제 우애에 사랑을 더하라"

(벧후 1:5-7)

제26과
몸된 교회를 사랑합시다

본문말씀 : 고린도전서 3:21-23, 에베소서 2:12-16 / **찬송** : 379, 421, 546장

그리스도의 몸인 교회는 아마도 기독교적 관계를 이해함에 있어 가장 큰 주제일 것입니다. 우리는 그리스도의 몸의 개념을 이해하지 못하고는 우리가 어디에 속해 있는지 우리가 정말로 누구인지 알지 못합니다. 그러나 우리가 일단 그것을 이해하기만 하면 하나님에 대한 의무와 그리스도를 통한 하나님과의 관계를 이해하게 됩니다. 뿐만 아니라 세상에 있는 다른 모든 신자들에게 대한 의무와 관계도 이해하게 됩니다.

교회란 무엇입니까? 우리가 그리스도의 몸이라는 것은 무엇을 의미합니까? 고린도전서 12장에 나타난 말씀을 토대로 그리스도의 몸의 세 가지 특징인 연합, 다양성, 조화를 살펴보고자 합니다. 주님의 몸 된 교회가 불구가 된 이유는 사람들이 주님의 교회의 몸으로서의 기능, 즉 지체로서의 역할을 감당하지 않기 때문입니다.

1. 연합해야 합니다.

"몸은 하나인데 많은 지체가 있고 몸의 지체가 많으나 한 몸임과 같이 그리스도도 그러하니라 우리가 유대인이나 헬라인이나 종이나 자유인이나 다 한 성령으로 세례를 받아 한 몸이 되었고 또 다 한 성령을 마시게 하셨느니라"(고전 12:12-13)

머리와 몸의 관계가 먼저 나타납니다. 육체적으로 볼 때, 몸은 따로 따로 떨어진 조각들의 더미가 아닙니다. 영적으로는 몸의 머리이신 그리스

도로부터 그 몸의 모든 부분을 움직이게 만드는 모든 교훈, 모든 지력, 모든 에너지, 모든 자원이 나옵니다. 육체적으로 머리는 생명의 원천입니다(골 1:18).

　구원은 우리가 연합하는 시발점입니다. 우리 모두는 한 성령에 의하여 한길 예수 그리스도를 통하여 한 몸이 되었습니다. 그리고 모두는 우리 가운데 거하시는 동일한 성령을 소유합니다. 모든 그리스도인은 내주하시는 성령님(롬 8:9)에 의하여 연합이 이루어집니다.

2. 교회의 분열을 막아야 합니다.

교회는 한 몸입니다. 그런데 때때로 교회는 여러 가지 이유로 분열이 일어납니다. 분열되고 산산조각 난 교회의 한 예를 신약의 고린도교회에서 찾아볼 수 있습니다(고전 1:11-12).

● 상처 나고 분열의 위기에 놓인 고린도 교회에 대하여 바울은 무엇이라고 권면하고 있습니까?(고전 3:21-23)

3. 부르심에 합당하게 살아야 합니다.

고든 맥도날드에 의하면 영적 지도력 면에서 교회에는 네 종류의 사람들이 있다고 합니다. 매우 소중한 사람(VIP), 매우 가르치기 쉬운 사람(VTP), 매우 매끄러운 사람(VNP), 그리고 목사의 진을 빼는 사람(VDP)들이라고 했습니다.

　VIP는 현재 요긴하게 일하는 사람입니다. 믿은 지 얼마 안 되어도 이미 그런 사람들이 있습니다. VIP는 잘 배우기 때문에 앞으로 지도자가 될 사람들입니다. VNP는 말만 하고 할 수 있으면 일을 피해 빠져나가는 사람들입니다. 교회에 힘이 되지 못합니다. VDP는 일을 하기보다는 일거리를 만드는 사람들입니다. 교회의 유익보다는 목사나 교인들에게 골칫거리가 되는 일을 자꾸 만들어 냅니다. 이러한 분류는 스스로 할 것이지 남을 향해서 해서는 안되겠습니다. 하지만 스스로 자기가 어디에 속하는지 생각을 해 보아야 합니다. 만약 세 번째나 네 번째 부류에 속한다면 스스로 자기의 위치를 조정해 보아야 할 것입니다.

신약에서 사용되는 교회라는 단어는 '에클레시아'로, '불러낸다'라는 의미의 헬라어 동사에서 유래한 것입니다. 우리는 하나님의 불러냄을 받은 자들입니다. 세상에서 별개의 실체, 즉 그의 몸이 되도록 부름 받은 자들입니다. 따라서 우리는 그의 부르심에 합당한 삶을 살아야 합니다.

● 그리스도께서는 민족성, 인성, 계급 및 성이라는 모든 장벽을 제거하시고 우리를 무엇으로 만드셨습니까?(엡 2:12-16)

● 그러면 그리스도의 몸을 불구로 만든다는 것은 무엇을 의미할까요?

다같이 기도합시다

하나님 아버지, 그리스도 안에서 한 몸이 되게 하시니 감사합니다. 이제 그리스도의 피를 나누어 가진 귀한 형제가 되었으니 이 새로운 형제의 관계를 깨는 악한 일들을 모두 멀리하게 하여 주시옵소서. 힘써 몸의 연합을 지키기를 원합니다. 예수님의 이름으로 기도드립니다. 아멘.

1. 반복하여 읽어봅시다.
"그는 우리의 화평이신지라 둘로 하나를 만드사 원수 된 것 곧 중간에 막힌 담을 자기 육체로 허시고"(엡 2:14)

2. 지난 주 나의 생활 평가하기
100점 성도 : 그리스도 안에서 교제에 힘쓰며 살았습니다.
80점 성도 : 교제에 더욱 마음을 쏟았습니다.
60점 성도 : 기회가 닿는 대로 교제를 했습니다.
40점 성도 : 교제의 필요를 느끼며 살았습니다.

3. 실천합시다.
이번 주에는 교회의 덕을 세우는 말을 합시다.

4. 기도 제목을 나눕시다.
구역 식구들과 함께 기도 제목을 서로 나누며 통성으로 기도합시다.

제27과
받은 은사로 섬깁시다

본문말씀 : 에베소서 4:11-15 / 찬송 : 348, 546, 268장

무더위와 짜증을 이기기 위해 휴식이 필요한 계절이 돌아왔습니다. 이럴 때일수록 잠잠히 하나님의 음성을 듣는 훈련을 해야겠습니다. 하나님은 우리에게 은사를 주셨습니다. 은사 받은 사람들은 교회를 위해 무엇을 해야 할까요?

1. 은사를 주신 목적이 있습니다.

하나님께서 교회에 은사를 주시는 이유는 단지 성도를 즐겁게 하고, 성도들을 용서받이로 기르거나 또는 성도를 복음화하기 위해서일까요? 아니면 다른 목적이 있을까요?

"어떤 사람은 사도로, 어떤 사람은 선지자로, 어떤 사람은 복음 전하는 자로, 어떤 사람은 목사와 교사로 삼으셨으니 이는 성도를 온전하게 하여 봉사의 일을 하게 하며 그리스도의 몸을 세우려 하심이라"(엡 4:11-12).

이 말씀에서 은사를 주시는 목적이 첫째는 개인 신자들을 성숙하게 하는 것이요, 둘째는 몸을 집단적으로 연합시키는 것(고전 1:10)임을 알 수 있습니다. 그러므로 성도를 온전케 하는 것이 은사 사역의 핵심이라는 것을 알 수 있습니다.

2. 우리를 온전케 하십니다.

먼저 우리가 생각할 것은 지위적 온전함입니다. 그리스도께서 십자가 위

에서 자신을 드렸을 때, 그는 우리를 영원히 온전케 만드는 일을 하셨습니다(히 10:14).

그 다음 우리가 알아야 할 것은 궁극적 온전함입니다. 궁극적 온전함은 죽어서 주님과 함께 있게 될 때 이루어집니다. 우리의 영이 온전하게 되고, 또 완전하고, 새롭고, 영화롭게 된 몸에 참여하게 될 것입니다. 하나님은 지위적으로 온전하고 또 궁극적으로 온전해질 신자가 그의 지위에 어울리게 행동할 것을 원하십니다. 즉 주님은 우리가 실질적으로 온전해지기를 원하십니다.

하나님은 과거에 사도들과 선지자들을 주셨던 것처럼, 지금 이곳에서 성도들을 성숙하게 하기 위하여 가르치는 목사님들과 전도자들을 주신다는 것을 알 수 있습니다.

● 온전함의 범주들, 즉 온전함의 기본적 표준은 무엇입니까?(마 5:48)

● 궁극적 온전함이나, 지위적 온전함을 얻기 위해 우리는 아무것도 행하지 않는 것일까요?(고전 15:10)

3. 은사를 활용해야 합니다.

성도들을 온전케 하시는 분은 성령님이십니다. 어떤 사람이 다른 어떤 사람의 성숙에 유일하게 영향을 끼칠 때는 하나님의 영이 그들을 통해 일하고 계실 때입니다(갈 3:3; 고후 3:18).

온전하게 하는 도구들이 있습니다. 첫째는 시련 또는 시험입니다. 야고보는 온전함으로 이끄는 것들 중의 하나가 시험이라고 했습니다(약 1:2-

4). 하나님의 영이 우리가 옳고 그른 것을 선택할 수 있도록 하기 위하여 기회를 주실 것입니다. 옳은 길을 선택할 때마다, 우리의 영적 근육은 강해집니다.

둘째는 고난을 통해서입니다(벧전 5:10). 그러나 고난은 우리들로 하여금 괴롭게 하며, 슬프게도 합니다. 때로는 하나님을 원망하게 만들기도 합니다. 그러나 성숙해지기 위해서는 어떤 고통이든 상처든 받아야 합니다.

셋째는 성경말씀입니다(딤후 3:16-17; 벧전 2:2). 하나님의 영이 성도들을 온전케 하기 위하여 사용하시는 가장 큰 도구는 바로 성경입니다. 하나님의 말씀은 하나님의 사람을 온전하게 만드는 것입니다.

그리고 넷째가 기도입니다(골 4:12). 시련과 고난은 하나님의 소관입니다. 그러나 기도와 말씀은 은사 받은 사람의 책임입니다. 결국 이 모든 말씀을 종합해보면 하나님께서 우리에게 은사를 주신 이유는 하나님의 성도를 온전케 하며 궁극적으로 교회를 양적으로 질적으로 성장시키는 것임을 알 수 있습니다.

● 성도가 온전하게 되는 네 가지 도구에 대하여 정리해 보세요.

128

다같이 기도합시다

하나님 아버지, 그리스도 안에서 우리에게 성령을 통하여 은사를 주심을 감사합니다. 한 몸이 되어 참된 교제를 하게 하시려고 은사를 주셨는데 지금까지는 교만하고 나를 나타내는 데 사용하였음을 용서하여 주시옵소서. 이제 그리스도를 위하여 성도를 온전케 하는 일에 쓰임받게 하여 주시기 원합니다. 예수님의 이름으로 기도드립니다. 아멘.

1. 반복하여 읽어봅시다.
"이는 성도를 온전하게 하여 봉사의 일을 하게 하며 그리스도의 몸을 세우려 하심이라"(엡 4:12)

2. 지난 주 나의 생활 평가하기
100점 성도 : 교회 안에서 나의 감당할 부분에 최선을 다했습니다.
80점 성도 : 교회를 분열시키는 말을 결코 하지 않았습니다.
60점 성도 : 기회가 닿는 대로 교회의 덕을 세웠습니다.
40점 성도 : 교회의 몸을 세울 필요를 느끼며 살았습니다.

3. 실천합시다.
자기의 은사를 최대한 발휘합시다.

4. 기도 제목을 나눕시다.
구역 식구들과 함께 기도 제목을 서로 나누며 통성으로 기도합시다.

제28과
천국 시민답게 삽시다

본문말씀 : 빌립보서 3:1-21, 4:1 / 찬송 : 432, 408, 412장

우리는 대한민국이라는 영토 안에서 시민권을 가지고 살아가고 있습니다. 사회의 구성원으로서 책임감 있게 살기 위하여 일정한 교육을 받아야 하며, 일정한 직장을 가지며, 한 가정을 이루고 생존해 나가야 합니다. 나라가 요구하는 일정한 세금을 내고, 남자들은 국방의 의무를 져야 하며, 또 한국 시민으로 주어진 권리를 사용할 수도 있습니다.

동시에 기독교인들은 필연적으로 다른 한 나라의 국적과 시민권을 가지게 됩니다. 그 나라는 다름 아닌 이 세상에 속해 있지 않는 하나님의 나라입니다. 현실적으로 한 사람이 두 나라의 시민권을 가지고 있는 것이 쉬운 일은 아닙니다만, 우리가 예수님을 믿는 순간 자동으로 하나님의 나라에 시민권을 가지게 되는 것은 분명한 사실입니다.

1. 우리는 모범이 되어야 합니다.

바울은 철저하게 하늘나라의 시민의식이 있었습니다. 그랬기에 그는 결코 삶을 함부로 허비할 수 없었습니다. 그는 로마의 법도 지켰지만 그보다는 하늘의 시민법이 우선이었습니다. 하나님의 말씀을 자기의 법으로 삼고 그리스도의 사람으로서 올바르고 의롭고 믿음으로 산 사람이었습니다.

그가 비록 완벽한 사람은 아닐지라도 그의 삶의 모습은 충분히 우리의 모범이 됩니다. 바울은 아주 당돌하게 "나를 본받으라" 라고 말합니다. 그리고 본받은 것들을 분명하게 삶으로 나타내 보이라고 강권합니다.

● 바울은 진정한 의미에서 자신의 삶이 모본(모델)이 된다고 생각하고 있습니까?(빌 2:5; 고전 11:1 참조)

● 그렇다면 여기서 "나를 본받으라"고 말한 바울의 의도가 어디에 있습니까?(고전 11:1)

2. 우리의 시민권은 하늘에 있습니다.

신자는 세상에서 살되 개인적으로는 하나님의 자녀로, 크게는 천국시민으로 사는 자들입니다. 시민권이 하늘에 있으므로 하나님 나라의 보호 아래 있으며, 하나님 나라의 법에 따라 살아야 하고, 하나님의 나라가 속히 임하기를 기다리며 살아야 합니다.

그리스도께서 재림하실 때 신자들의 낮은 몸을 자기의 영광의 몸으로 형체를 변화시킵니다. 육체와 영혼의 분리가 아니라 영육이 함께 영화된 그리스도의 몸같이 완전히 새롭게 되는 것입니다.

우주과학은 사람을 하늘로 올려 보내는 데 열중하고 있으나, 그리스도인은 예수님이 하늘로부터 오시기를 기다리는 자들이며, 땅에서 기다리는 자요, 그 나라에 들어가기 위한 순례 길을 걷는 나그네입니다.

● 성도의 시민권은 어디에 있다고 했습니까?(20절)

● 일반 시민들은 납세의 의무, 교육의 의무, 국방의 의무를 담당해야 합니다. 이 세 가지에 비추어 하늘시민의 의무가 어떤 것인지를 생각해 봅시다.

3. 천국 시민다운 삶을 살아야 합니다.

이렇게 하늘의 시민권을 가진 우리는 세상 사람보다 특별한 삶을 요구받게 됩니다. 우리가 대한민국에 살면 대한민국의 법을 지켜야 하듯이 하늘나라의 시민권을 가진 사람은 시민권을 가진 사람으로서의 책임과 권리가 있다는 것입니다.

하늘의 시민권을 가진 사람은 하늘의 시민권을 가진 사람답게 살아야 합니다. 그리고 하나님 나라에 들어가서 살 수 있는 영주권에 대하여 긍지를 가지고, 보다 확고한 신념으로 그 나라를 그리워해야 합니다. 그리고 그 나라에 들어가 살게 되기 전까지 부지런히 경건을 연습하여 하늘나라 시민의 거룩한 품성을 배양하도록 정진해야 합니다. 그러니까 우리는 이 땅에서도 올바르고 합당하게 살아야 하며, 내세의 시민권을 가진 자들로서도 합당한 삶을 살아야 한다는 것입니다. 결국 우리는 두 나라, 두 도시의 시민권을 가진 사람이므로 노력해야 할 부분들이 훨씬 많은 셈입니다.

다같이 기도합시다

하나님 아버지, 소유가 아닌 빈 마음으로 사랑하게 하소서. 받아서 채워지는 가슴보다, 주어서 비워지는 가슴이길 원합니다. 지금까지 해왔던 사랑에 티끌이 있다면 용서하시고, 앞으로 해 나갈 사랑은 맑은 강물이게 하소서. 위선보다 진실을 위해 나를 다듬어 나갈 수 있는 지혜를 주시고, 바람에 떨구는 한 잎의 꽃잎일지라도 한없이 품어 깊고 넓은 바다의 마음으로 살게 하소서. 바람 앞에 스러지는 육체로 살지라도 선 앞에 강해지는 자가 되게 하소서. 예수님의 이름으로 기도드립니다. 아멘.

1. 반복하여 읽어봅시다.
"너희 관용을 모든 사람에게 알게 하라 주께서 가까우시니라"(빌 4:5)

2. 지난 주 나의 생활 평가하기
100점 성도 : 그리스도 안에서 은사를 성도들을 위해 사용하며 살았습니다.
80점 성도 : 은사 사용의 중요성을 생각하며 살았습니다.
60점 성도 : 은사를 선용하며 살았습니다.
40점 성도 : 은사 사용의 중요성을 느끼며 살았습니다.

3. 실천합시다.
이번 주에는 천국을 경험하는 한 주간이 됩시다.

4. 기도 제목을 나눕시다.
구역 식구들과 함께 기도 제목을 서로 나누며 통성으로 기도합시다.

제29과
사랑과 관용을 베풉시다

본문말씀 : 빌립보서 4:1-9 / 찬송 : 321, 496, 88장

2차 세계대전 때의 일이었습니다. 어느 전장에서 영국 군대와 독일 군대가 치열한 접전 중에 있었습니다. 영국 군대가 불리한 상황이었습니다. 만약 지원군이 도착하지 않는다면 부대원 모두가 전사할 위기에 놓여 있었습니다. 영국군이 전멸할 극한의 위기에서 한 통신병은 지원부대에 열심히 무전을 쳤습니다. 그러나 그 순간 폭탄 하나가 주위에서 터져 전선이 끊기고 말았습니다. 연락이 두절된 상태에서 그야말로 절망적인 상황이었습니다.

그 순간 한 통신병이 끊어진 전선으로 뛰어들었습니다. 그러더니 양손에 끊어진 고압선을 쥐고 그 자리에서 쓰러졌습니다. 병사는 죽었지만 그의 몸 덕분에 전선이 이어졌고 통신이 연결되어 아군은 무사히 구출될 수 있었습니다.

1. 같은 마음을 품어야 합니다.

바울은 빌립보 교회 안에서 성도들끼리 화평치 못하고 서로 대립하고 불신하고 마음 불편해하는 모습들이 있다는 점을 알았습니다. 그래서 순두게와 유오디아에게 개인적으로 "주 안에서 같은 마음을 품으라"고 간곡히 권합니다. 서로 화합하고 하나가 되라고 합니다. 서로 관용하라고 합니다. 그것이 진정한 신앙인의 길이라고 권면합니다.

● 순두게와 유오디아의 관계가 빌립보 교회에 어떠한 영향을 미쳤으리라고 생각됩니까?(2-3절)

● 다른 사람과의 화목에 관해서 로마서 12:18은 무엇이라고 말합니까?

2. 사랑하는 것이 중요합니다.

〈십대들의 쪽지〉에 나오는 이야기입니다. 그는 꼬마시절에 목사가 될 꿈을 가지고 있었으며, 때때로 빈 의자에 올라서서 목사 흉내를 내며 설교를 하였습니다. 그는 노래에 천부적인 자질이 있어서 전혀 음악공부를 하지 않았음에도 수도원 합창단 단원이 되었으며, 젊은 청년이 되어서는 열심히 교회에 다녔습니다.

그는 정상적인 사람들처럼 풍요하고 행복한 삶을 누리지 못하는 사람들을 사랑하였습니다. 한번은 가난한 사람에게서 달걀 두 개를 받아 쥐고 감사의 눈물을 흘렸습니다. 서른네 살 때에 자기 어머니에 대한 훌륭하고 아름다운 시를 써서 사람들에게 어머니를 사랑하라고 권면하였던 적도 있었습니다. 그가 바로 아돌프 히틀러입니다. 그런데 그 사람이 후일에는 지구 역사상 가장 잔인하고 악마적인 사람이 되어 버린 것입니다.

이처럼 우리가 몸에 지니고 있는 모든 재능은 사랑이 사라질 때 악마의 무기로 쓰여질 수도 있는 것입니다.

● 당신과 불편한 관계를 지니고 있는 사람이 있다면 가명을 써서 아래에 몇 명 기록해 보십시오.(예, 홍길동)

● 그러한 사람들을 위해 그리스도인인 내가 어떻게 행동해야 할까요? 로마서 12:17-21을 읽고 아래에 요약해 보세요.

3. 평화의 왕을 본받아야 합니다.

그럼에도 불구하고 나 자신의 모자람과 신앙 인격의 덜 성숙함으로 인해 다른 사람과 불화에 빠질 수 있습니다. 직접적인 충돌은 피한다 하더라도 마음으로 어느 특정한 사람과 친하게 지내지 못하고 서로 찡그리는 일이 교회 안에 있다는 것은 아름답지 못한 현상입니다.

더 나아가 분쟁이 있고 지체들 간에 싸움이 있고 서로 감정적인 반목 때문에 반대를 위한 반대를 하며 그 사람을 이겨보려는 모습이 우리 안에 있다면 참으로 볼썽사나운 일입니다. 주님은 화평의 사자로 오셨는데 나는 집안 싸움을 일으킨다면 참으로 합당치 못한 일입니다.

성경은 예수님에 관해 이르기를 '평화의 왕'(Prince of Peace)이라고 호칭하였습니다. 예수님은 하나님과 인간 사이의 담을 허시고 신령한 교통이 이루어지도록 하셨습니다. 나와 하나님 간에 화친을 위하여 스스로 십자가에 죽으신 것입니다. 그 화평의 주님을 따르는 우리도 인간관계에 있어서 화평해야 할 책임이 있습니다. 서로 반목하는 이들의 화목을 위해 애써야 할 뿐 아니라, 나 자신도 모든 이들과 대립과 알력 없이 화평하게 지내야 합니다.

다같이 기도합시다

하나님 아버지, 사랑과 관용의 사람이 되기를 진심으로 기도합니다. 항상 주를 사랑하는 가운데 제게 주어진 사람들을 향하여 주의 이름으로 포용하고 사랑하며 살게 하소서. 예수님의 이름으로 기도드립니다. 아멘.

1. 반복하여 읽어봅시다.
"하나님의 성령으로 봉사하며 그리스도 예수로 자랑하고 육체를 신뢰하지 아니하는 우리가 곧 할례파라"(빌 3:3)

2. 지난 주 나의 생활 평가하기
100점 성도 : 그리스도 안에서 하늘의 시민권을 사용하며 살았습니다.
80점 성도 : 그리스도 안에서 시민권의 중요성을 생각하며 살았습니다.
60점 성도 : 소망 가운데 살았습니다.
40점 성도 : 시민권의 중요성을 느끼며 살았습니다.

3. 실천합시다.
이번 주에는 사랑과 관용을 베푸는 한 주간이 됩시다.

4. 기도 제목을 나눕시다.
구역 식구들과 함께 기도 제목을 서로 나누며 통성으로 기도합시다.

제30과
올바른 물질관을 가집시다

본문말씀 : 빌립보서 4:10-23 / 찬송 : 542, 211, 321장

구두 제조업자 더글라스라는 사람이 있었습니다. 오랫동안 취직을 못해서 그가 가지고 있던 돈이 바닥이 나 1불밖에 남지 않게 되었습니다. 그럼에도 불구하고 그는 1불의 절반 50센트를 교회 헌금함에 넣었습니다. 다음 날 이웃 마을에 일자리 하나가 나왔다는 이야기를 들었습니다. 그 마을까지 기차요금은 1불이었습니다. "아뿔싸! 50센트를 그냥 가지고 있었으면 좋았을 것을…" 그렇지만 그는 50센트로 티켓을 하나 사서 나머지 반 거리를 걸었습니다.

그는 기차에서 내려 그 마을까지 걸어가기 시작하였습니다. 그가 한 구역을 가기도 전에 그 마을 오른편 공장에서 사람을 채용하고 있다는 소리를 들었습니다. 30분도 채 안되어 그는 직업을 얻게 되었고, 그가 애당초 가려고 했던 그 마을에서 받았을 보수보다 일주일에 5불을 더 벌게 되었습니다. 이러한 믿음을 체험한 더글라스는 이후부터 그의 생애 드림의 법칙을 실천하였습니다. 그리하여 미국에서도 손꼽히는 전문 구두회사의 사장이 되었습니다.

1. 생애 드림의 법칙

하나님은 만물의 소유권을 주장하십니다. 열매와 성취와 보람을 간직하고 싶습니까? 그렇다면 하나님을 경외하십시오. 경외함으로 그분을 향해 헌금을 드리십시오. 그분이 흔들어 넘치도록 되돌려 주실 것입니다. 바울은 빌립보 교회에 보낸 편지의 마지막 부분에서 빌립보 교인들의 선물에 대한 감사의 말을 쓰고 있습니다.

● 다음의 빈칸을 채워 보십시오.

"은도 내 것이요, (　　)도 내 것이니라"(학 2:8)
"하나님은 (　　) 내는 자를 사랑하시느니라"(고후 9:7)
"곧 (　　) 되어 누르고 흔들어 넘치도록 하여 너희에게 안겨 주리라"(눅 6:38)

● 빌립보 교인들은 바울이 곤궁할 때 누구를 보내 돕게 하였습니까?(2:25)

● 어떤 방식으로 바울의 괴로움에 동참하였습니까?(14-18절)

2. 헌금을 쓰는 자의 자세가 필요합니다.

지금까지 우리는 헌금을 드리는 자의 자세에 대해서만 많이 배웠습니다. 그러나 이제 그 헌금을 쓰는 자의 자세도 이야기해야 할 때입니다. 바울은 자기를 그렇게 도운 빌립보 교인들의 호의에 대하여 진정한 마음으로 감사하고 있습니다.

그러나 우리가 바울로부터 배우게 되는 것은, 그가 빌립보 교인들이 가져다 준 물질에 집착하지 않았다는 점입니다. 바울은 그들의 성의에 대하여 진한 감사를 느끼고 있지만 결단코 궁핍한 상황에 지배를 받지 않는다고 자신의 삶의 철학을 피력합니다.

● 10절에 보면 바울은 빌립보 교인들에게 그들이 보내준 헌금 때문이 아니라, 그들이 보여준 관심 때문에 감사했습니다. 바울에게는 왜 후자가 중요했습니까?

3. 자족함의 기술을 배워야 합니다.

● 우리는 우리의 어떤 면에, 혹은 무엇에 대해 만족하지 못합니까? 물질문제, 배우자에 대한 문제입니까? 아니면 목소리, 나의 성격, 웃는 소리, 대인 관계 등 입니까? 각자 적어봅시다.

바울의 위대함은 자족함의 기술에 있었습니다. 그는 물질적으로 풍부한 형편이든지 궁핍한 형편이든지 그 환경에 의하여 지배를 받는 것이 아니라, 오히려 그 환경들을 초월하여 마음의 평안을 유지할 수 있었습니다. 그 이유인즉, 삶을 살아갈 때 물질을 의존하지 않았으므로 그것이 있으나 없으나 마찬가지였기 때문입니다.

바울은 당시 스토아학파에게서 유행된 숙명론적 자기 체념의 관점에서가 아니라 그리스도께서 주시는 힘으로 주위의 사람과 사물에게서 철저히 독립할 수 있었습니다. 모든 상황에 적응할 수 있었습니다.

다같이 기도합시다

하나님 아버지, 오늘도 주 안에서 말씀을 공부하게 하시니 감사합니다. 오늘 말씀을 배운 대로 우리의 물질관을 성경적으로 정립하게 하여 주시옵소서. 매일의 삶이 어려워도 물질에 매이는 성도가 아니라 물질을 다스리는 성도가 되기를 원합니다. 예수님의 이름으로 기도드립니다. 아멘.

1. 반복하여 읽어봅시다.
"나는 비천에 처할 줄도 알고 풍부에 처할 줄도 알아 모든 일 곧 배부름과 배고픔과 풍부와 궁핍에도 처할 줄 아는 일체의 비결을 배웠노라"(빌 4:12)

2. 지난 주 나의 생활 평가하기
100점 성도 : 그리스도 안에서 항상 관용하며 살았습니다.
80점 성도 : 그리스도 안에서 관용의 중요성을 실천하며 살았습니다.
60점 성도 : 관용 가운데 살았습니다.
40점 성도 : 관용의 중요성을 느끼며 살았습니다.

3. 실천합시다.
이번 주에는 올바른 물질관을 정립하는 한 주간이 됩시다.

4. 기도 제목을 나눕시다.
구역 식구들과 함께 기도 제목을 서로 나누며 통성으로 기도합시다.

8월
새 힘을 얻는 달

"오직 여호와를 앙망하는 자는
새 힘을 얻으리니
독수리가 날개치며 올라감 같을 것이요
달음박질하여도 곤비하지 아니하겠고
걸어가도 피곤하지 아니하리로다"

(사 40:31)

제31과
그리스도를 본받아 겸손합시다

본문말씀 : 빌립보서 2:1-18 / 찬송 : 412, 408, 432장

무더위가 극성을 부리는 8월입니다. 휴식 가운데 영적으로는 더욱 재충전해야 할 계절입니다. 8월을 맞아 더욱 은혜 충만한 가정이 되기를 바랍니다.

　르누아르 화풍(畫風)이라는 말까지 만들어낸 프랑스의 화가 르누아르의 이야기입니다. 그는 매우 가난한 가정에서 태어나서 상급학교에 진학하지 못했습니다. 소년시절에 도자기공장의 직공으로 취직했는데 매일 도자기에 아름다운 그림을 그려 넣으며 화가의 꿈을 키웠습니다. 하지만 단 한번도 가난을 원망하지 않았습니다. 이런 연단의 과정을 통해 그는 유명한 화가로 성장했습니다. 그런데 이번에는 신경통으로 손을 움직일 수 없는 지경에 빠졌습니다. 그는 손에 붓을 붙들어매고 그림을 그렸습니다. 그러면서 말했습니다. "예술가가 자신에게 재능이 있다고 생각하면 명작을 만들 수 없습니다. 교만을 버리고 직공처럼 일할 때 위대한 예술이 탄생합니다. 그림은 손으로 그리는 것이 아닙니다. 눈과 마음으로 그립니다." 르누아르에게는 좌절이 없었습니다. 불행을 희망의 발판으로 삼아 한 단계씩 도약했습니다. 결국 그는 한때 프랑스의 화풍(畫風)을 유행시켰습니다.

1. 교만을 피해야 합니다.

기독교인이 피하여야 할 것들 중에 특히 교만이라는 죄가 있습니다. 교만이라는 것을 정의한다면 이것은 자기 자신을 필요 이상으로 과대평가하거나, 자기의 자랑거리를 과대선전을 하는 심리라고 할 수 있습니다. 사람은

누구나 자기의 능력을 인정받고 싶어합니다. 이것을 꼭 죄라고는 할 수 없지만 지나치게 자신을 과시하거나 높이 평가 받고자 한다면 문제가 되는 것입니다. 하나님은 모든 일의 주관자이시고 우리에게 모든 것을 주신 분이십니다. 그런데 인간이 하나님의 도와주심을 감사하지 않고 그에게 공로를 돌리지 않고 자신에게 돌린다면 거기에 이미 교만이라는 악이 지배하게 되는 것입니다.

모든 죄는 하나님을 멸시하고 타인을 사랑하지 않는 데서 기인하는 법입니다. 교만한 사람은 죄를 지을 수 있는 가능성이 제일 많은 사람이요, 언제 공동체 안에 균열을 일으킬지 모르는 시한폭탄 같은 위험한 존재들인 것입니다. 이러한 교만의 심각성 때문에 성경은 신구약을 망라하여 윤리적인 교훈으로 겸손을 누차 권면하고 있는 것입니다. 본문에서 바울은 성도가 갖추고 행해야 할 덕목의 근본으로 겸손을 제시합니다.

● 당신은 교만하다고 생각합니까? 그렇다면 그 이유는 무엇 때문일까요?

● 사람의 마음속에 교만한 마음이 왜 생긴다고 생각하십니까?

2. 겸손으로 교만을 물리칩시다.

빌립보서 2:1-4에서는 겸손을 전제로 한 상호협력을 가르쳐 줍니다. 그리고 빌립보서 2:5-11은 겸손할 수밖에 없는 필연적 이유를 제시하고 있습니다. 예수님께서 겸손한 분이시기에 그를 추종하는 기독교인도 겸손해야 한다는 것입니다. 빌립보서 2:12-18에 보면, 겸손의 정신을 실천하여 종말에 천국의 상급을 얻을 것을 가르칩니다. 빌립보서 2:1-18에서 바울은 예수님께서 하나님과 동등된 분이나 자기를 비워 스스로 겸손해지셨다고 하면서, 우리 역시 겸손한 사람이 되어야 할 것을 강권했습니다.

● 겸손이라는 것은 결국 어떤 태도를 갖는 것입니까?(3, 4절)

3. 그리스도의 마음을 품어야 합니다.

예수님께서 하늘에서 하나님과 동등한 영광을 가지고 계셨는데, 우리를 구원하기 위해서 잠시 그 영광을 버리시고 세상에 오셨습니다. 그리고 온갖 고난을 당하시면서 예수님의 신분을 비하(卑下) 했습니다. 바울은 빌립보 교인들에게 겸손의 덕을 강하게 심어주기 위해서 겸손에 대한 그리스도의 모범을 제시하고 있습니다.

● 예수 그리스도의 신성을 의미하는 말은 어떤 말입니까?(6절)

● 예수님은 무엇을 포기하셨다고 했습니까?(6절)

다같이 기도합시다

하나님 아버지, 주님께서 하늘의 왕좌를 버리고 우리 가운데 종의 모습으로 오심을 생각할 때 오늘도 많은 것을 느낍니다. 주 안에서 말씀을 통하여 주님의 겸손을 배우게 하시니 감사합니다. 오늘 말씀을 배운 대로 적극적으로 겸손하게 도와주시옵소서. 예수님의 이름으로 기도드립니다. 아멘.

1. 반복하여 읽어봅시다.
"너희 안에 이 마음을 품으라 곧 그리스도 예수의 마음이니"(빌 2:5)

2. 지난 주 나의 생활 평가하기
100점 성도 : 그리스도 안에서 항상 만족하며 살았습니다.
80점 성도 : 그리스도 안에서 만족을 경험했습니다.
60점 성도 : 만족의 필요를 느끼며 살았습니다.
40점 성도 : 만족의 중요성을 느끼며 살았습니다.

3. 실천합시다.
이번 주에는 올바른 겸손한 삶의 축복을 경험하는 한 주간이 됩시다.

4. 기도 제목을 나눕시다.
구역 식구들과 함께 기도 제목을 서로 나누며 통성으로 기도합시다.

제32과
하나님과 교제하며 삽시다

본문말씀 : 요한일서 4:1-11 / 찬송 : 199, 202, 200장

미국의 작가 오 헨리의 단편소설 중에 한 남자에 관한 이야기가 있습니다. 그는 소년 시절에 어느 시골 학교에 다니고 있었는데, 그의 옆에 앉았던 짝은 예쁘고 청순한 어린 소녀였습니다. 성장하여 어른이 되어서, 그는 나쁜 친구들의 틈에 끼이게 되었고 마침내는 도둑질까지 하게 되었습니다. 어느 날, 한 남자의 주머니를 성공적으로 턴 것을 기뻐하며 길을 걷고 있을 때, 마침 옛날 자기의 짝이었던 그 소녀가 마주 걸어오고 있는 것을 보았습니다. 그녀는 변함없이 아름답고 순결한 옛 모습 그대로였습니다. 그에 비해 자신의 모습은 얼마나 비천해지고 말았는가 하는 생각에 사로잡혀서 그는 거리의 한 모퉁이에 몸을 숨기고는 머리를 가로등에 기댄 채 하나님을 향하여 이렇게 울부짖었습니다. "오, 하나님! 나는 내 자신이 얼마나 미운지 모릅니다." 과거에 대한 그의 기억은 그 자신이 지금 얼마나 혐오스러운 인간이 되었는가를 깨닫게 해주었던 것입니다.

1. 올바른 신앙고백을 해야 합니다.

초대교회 당시에도 거짓 선지자가 많았습니다. 그래서 요한은 모든 영을 다 믿지 말고 시험해 보라고 했습니다. 그리고 예수 그리스도께서 육체로 오신 것을 시인하는 영마다 하나님에게 속한 것이라고 했습니다. 그 당시 영지주의 영향으로 육체를 악한 것으로 보고 예수 그리스도가 육체로 오신 것을 부인하는 사람이 많아지자 요한은 그들을 정죄하고 있습니다. 우리는 영을 분별할 줄 아는 지혜로운 사람이 되어야 하겠습니다. 예수 그리스도의 신성과 인성을 시인하는 것이 우리의 신앙고백입니다. 교회는 이 신앙고백 위에 세워진 것입니다. 하나님과의 교제의 기초는 올바른 신앙고백입니다. 곧 "하나님은 나의 주인이십니다" 라는 고백이 필요한 것입니다.

● 우리가 하나님의 영을 무엇으로 알 수 있다고 했습니까?(2절)

2. 하나님이 사랑이심을 알아야 합니다.

우리는 하나님과 교제하고자 합니다. 하지만 우리가 교제하고자 하는 하나님은 사랑이심을 먼저 알아야 합니다. 하나님이 사랑이시기 때문에 우리를 조건 없이 사랑하는 것이 가능하다는 것을 먼저 인식하여야 합니다. 그리고 그 사랑은 언어만이 아니라 행동으로 나타날 수 있어야 진정한 사랑이 됩니다. 하나님은 사랑이시기 때문에 자기의 독생자 예수를 이 땅에 보내어 주시는 구체적인 행동을 보여 주셨습니다.

● 우리가 하나님을 사랑한 것이 아니고 누가 우리를 사랑하신 것인가요?(10절)

● 하나님의 이런 사랑을 날마다 체험하고 있는지 서로 돌아가며 대답해보시기 바랍니다.

3. 두려움이 사라집니다.

성경은 하나님이 우리를 사랑하셨기 때문에 우리도 사랑하는 것이 마땅하다고 강조합니다. 하나님을 진정 사랑할 수 있는 사람은 누구일까요? 그들은 하나님께로 태어난 자로서 진정 하나님이 누구인지 알고 있는 사람들입니다(13절). 서로 사랑이 온전해지면 우리 안에 사랑의 능력이 나타나게 됩니다. 이것은 또 사랑이 우리 안에 이루어진 증거가 되는 것입니다(17-18절).

하나님과 사귐이 있는 그리스도인들은 두려움이 없으며 정죄의 심판을 받지 않습니다. 따라서 그 심판을 생각하면서 두려움 없이 담대하게 하나님을 향해서 나아갈 수 있습니다. 그러므로 사랑으로 온전한 사람은 결코 심판을 무서워하거나 겁을 내지 않고, 도리어 담대해지는 것을 볼 수 있습니다. 또한 그리스도인은 두려움을 내어쫓게 되는 능력을 체험하게 됩니다. 어떤 성도는 두려움은 이미 형벌의 시작이라고 했습니다.

● 하나님의 사랑을 받은 자는 당연히 누구를 사랑해야 합니까?(7절)

● 당신은 하나님을 어떻게 구체적으로 사랑하고 있습니까?

● 당신은 이러한 사랑의 능력을 체험하며 살아가고 있습니까?

다같이 기도합시다

하나님 아버지, 우리를 항상 하나님과의 교제의 자리로 인도해 주시니 감사합니다. 예수님을 주시기까지 우리를 사랑하시고 우리와 교제하여 주시니 감사합니다. 오늘 말씀을 배운 대로 적극적으로 주님과 교제하며 살기를 원합니다. 예수님의 이름으로 기도드립니다. 아멘.

1. 반복하여 읽어봅시다.
"사랑하지 아니하는 자는 하나님을 알지 못하나니 이는 하나님은 사랑이심이라"(요일 4:8)

2. 지난 주 나의 생활 평가하기
100점 성도 : 그리스도 안에서 항상 겸손하게 살았습니다.
80점 성도 : 그리스도 안에서 겸손의 중요성을 경험했습니다.
60점 성도 : 겸손의 필요를 느끼며 살았습니다.
40점 성도 : 겸손할 필요를 느끼며 살았습니다.

3. 실천합시다.
이번 주에는 하나님과 좀 더 깊은 교제를 경험하는 한 주간이 됩시다.

4. 기도 제목을 나눕시다.
구역 식구들과 함께 기도 제목을 서로 나누며 통성으로 기도합시다.

제33과
훈련된 제자를 세웁시다

**본문말씀 : 마태복음 28:19-20, 마가복음 3:13-15 / 찬송 : 521, 515, 502
장**

미국의 강철왕 카네기는 "부자인 채로 죽는 것은 불명예"란 명언을 남겼습
니다. 부자란 모름지기 부를 축적하는 때와 환원하는 때가 분명해야 한다
는 것입니다. 그러므로 세금으로 다 환수되기 전에 사회에 환원해야 옳다
는 것입니다. 미국의 유수한 대학들은 사실상 이러한 기부와 헌납으로 인
하여 수많은 인재들이 양성되고 있습니다. 이들에 의해 결국 오늘의 부강
한 나라 미국이 되었다고 해도 과언이 아닐 것입니다.

1. 주님은 제자 훈련을 명하셨습니다.

예수님께서 "증인이 되라"고 말씀하신 것은 곧 이방인들에게 복음을 전하
고 그들을 제자로 삼아 가르치라는 의미입니다. 주님께서는 이를 위하여
특별히 12명을 택하시고 제자로 삼아 가르치면서 우리들에게 제자 훈련
의 모범을 보여주셨습니다.

● 제자 훈련을 시키라는 것은 누가 명하신 것입니까?(마 28:19-20)

● 당시에 예수님을 따르는 많은 무리들이 있었는데, 그 중에서 유독 12명만을 제
자로 따로 택하신 이유는 어디에 있다고 생각하십니까?(막 3:13-15)

2. 제자 훈련이 필요합니다.

오순절 성령강림 후 예루살렘 교회는 크게 부흥하였습니다. 이들은 성전과 집에서 모여서 기도에 전념했습니다(행 2:46). 무엇보다도 초대교회에서 세계 선교의 직접적인 원인이 되었던 사건은 흩어져 두루 다니며 복음의 말씀을 전한 선교사들(행 8:1-4)의 역사라고 할 수 있습니다.

세계 선교를 주장하시는 이는 성령이지만 그를 직접 실행하는 이는 사명을 받은 선교사입니다. 만약 세계 복음화를 이루는 일에 있어서 사람이 필요없다고 한다면 하나님께서는 불순종하는 사람을 사용하시지 않고 직접 그 일을 하셨을 것입니다. 그러므로 하나님께 사용받기를 원하는 이는 반드시 예수님의 제자로서 훈련을 받아야 하고, 선교에 동참하기를 원하는 사람도 함께 같은 마음으로 선교에 대하여 배워야 합니다.

● 바울은 할 수만 있다면 여러 지역을 다니며 복음을 전하기 위해 한 곳에 오래 머물러 있지 않는 것을 원칙으로 삼았습니다. 그런데 에베소서에서는 무려 2년이나 머물렀습니다. 그 이유는 무엇이었습니까?(행 19:9-10)

● 만약 목회자나 사역자 혼자 전도, 교육, 심방, 상담, 예배, 설교, 훈련, 행정 등 모든 것을 다 감당하려고 한다면 어떻게 되겠습니까?

● 출애굽기에 보면 지도자 모세가 겪은 괴로움과 문제가 나옵니다. 그 해결책으로 모세의 장인이 모세에게 권고한 방안은 무엇입니까?(출 18:21-27)

3. 제자 훈련을 통해 교회가 성장합니다.

어떤 사람이 1년에 1천명씩 전도를 한다면, 그는 10년 후에 1만명을 전도하여 구원할 수 있을 것입니다. 그러나 또 다른 제자를 낳을 수 있는 제자를 1년에 2명씩만 훈련시킨다면, 10년 후에는 52만명을 구원할 수 있게 됩니다.

성경에서 밝히 보여주는 바와 같이 전도와 선교의 주체는 평신도입니다. 만약 철저하게 훈련을 받아 '또 다른 제자를 양육할 수 있는 제자'로 모든 기독교인을 훈련시킨다면 교회 성장은 지금보다 몇 배나 더해질 것이요, 선교 사역은 놀라운 열매를 맺게 될 것입니다.

● 제자 훈련을 계속할 때 주어지는 축복은 무엇입니까?(딤전 4:16)

다같이 기도합시다

하나님 아버지, 항상 주님의 제자로 훈련받는 길로 인도해 주시니 감사합니다. 주님을 평생 동안 따르는 제자되게 하여 주시고 주님의 제자로서 선교에 동참하게 하여 주시옵소서. 오늘 말씀을 배운 대로 적극적으로 주님의 제자로 자라가도록 도와주시옵소서. 예수님의 이름으로 기도드립니다. 아멘.

1. 반복하여 읽어봅시다.
"그러므로 너희는 가서 모든 민족을 제자로 삼아 아버지와 아들과 성령의 이름으로 세례를 베풀고"(마 28:19)

2. 지난 주 나의 생활 평가하기
100점 성도 : 그리스도 안에서 항상 교제하며 살았습니다.
80점 성도 : 그리스도 안에서 교제의 중요성을 경험했습니다.
60점 성도 : 교제의 필요를 느끼며 살았습니다.
40점 성도 : 교제할 필요를 느끼며 살았습니다.

3. 실천합시다.
이번 주에는 제자된 삶을 삽시다.

4. 기도 제목을 나눕시다.
구역 식구들과 함께 기도 제목을 서로 나누며 통성으로 기도합시다.

제34과
제자답게 삽시다

본문말씀 : 갈라디아서 6:6-10 / 찬송 : 491, 488, 310장

옛날에 청기와를 만들어 파는 상인이 살았는데 이 청기와는 보통 기와보다 훨씬 단단한 데다 빛깔이 고왔습니다. 요즘말로 고부가 가치 첨단제품이었기 때문에 청기와 장수는 짭짤한 재미를 볼 수 있었습니다. 그런데 이 재미를 혼자서 독점해야겠다는 욕심에서 그 독특한 제조기술이나 노하우를 아무에게도 알려주지 않고 심지어는 자기 자식에게도 물려주지 않았기 때문에 이 청기와의 맥은 당대에서 끊어져 버리고 말았다고 합니다. 비록 단적인 얘기이기는 하나, 우리 나라 국민들 마음속에 은연중 흐르고 있는, 정보나 노하우의 독점욕과 그로 인해 발생되는 폐해를 잘 깨우쳐 주고 있는 사례입니다.

1. 제자 훈련에 임하는 자세가 필요합니다.

현대는 지식과 정보의 사회입니다. 세계적인 미래학자인 앨빈 토플러 박사도 미래 사회의 모든 힘은 과거와 같이 군사력이나 경제력에 의해 좌우되는 것이 아니고, 지식과 정보로부터 나오는 것임을 분명히 밝히고 있습니다. 복음도 정말 중요한 생명의 정보입니다. 우리만 알고 이것이 전달되지 않는다면 정말 그것은 문제입니다. 제자도를 통하여 확산되어져야 할 정말 중요한 뉴스입니다.

제자 훈련은 이론이 아닌 실제입니다. 또 그것은 쉽게 순식간에 이루어지는 것이 아닙니다. 우리는 일생 동안 주님의 제자로서 훈련을 받아가야 합니다. 그러나 우선은 어느 한정된 기간 동안 제자 훈련을 받을 필요성이 있습니다. 처음에는 제자로서 어떻게 성장해 나가야 하는지 기본부터 잘 모르기 때문에 어느 정도의 기본적인 양육이 필요합니다.

● 제자 훈련에 임하는 자는 제자로서의 성장을 돕는 리더(목사와 구역장)에게 어떤 자세를 가져야 합니까?(갈 6:6)

● 제자 훈련을 받는 자가 리더에게 순종하고 복종해야 하는 이유는 무엇입니까?(히 13:17)

2. 낙심해서는 안 됩니다.

제자 훈련이 바로 이루어지기 위해서는 제자 훈련을 받는 이는 그 리더에게 전적으로 순종하고 복종해야 합니다. 물론 리더 역시 부족하고 약할 수 있습니다. 때로는 나이가 어릴 수도 있고 지적으로 부족할 수도 있습니다. 그러나 그는 하나님을 대신하여 자기를 훈련시키고 있음을 알아야 할 것입니다. 그러므로 제자 훈련을 받는 자는 모든 좋은 것으로 구역장과 함께하며 늘 그를 위해 기도해 주어야 할 것입니다.

제자 훈련의 열매는 쉽게 나타나지 않습니다. 그래서 낙심하기 쉬운데 참고 견디며 반드시 성장의 열매가 나타난다는 것을 알고 지속적으로 제자 훈련에 임해야 합니다.

3. 제자의 자격을 갖추어야 합니다.

주님의 제자는 늘 주님의 말씀 안에 거해야 합니다(요 8:31). 그리고 제자는 열매를 꼭 맺어야 하는 것입니다(요 15:8). 세상 것을 다 누리고, 세상 사람들과 똑같이 살면서 주님의 제자가 될 수는 없습니다. 대신 늘 자기를 부인하고 주님께서 원하시는 십자가를 지고 주님을 따라야 참된 제자가 될 수 있는 것입니다. 또 주님의 제자는 늘 하나님의 말씀 안에 거하고 외적으로는 전도의 열매, 내적으로 성령의 여러 열매들을 맺을 수 있어야 하겠습니다.

● 주님의 제자가 되려는 이는 무엇을 각오해야 합니까?(마 16:24)

● "자기를 부인하고 주님의 십자가를 진다"는 것은 어떤 의미입니까?

● 제자가 포기해야 하는 것은 무엇입니까?(눅 14:26)

다같이 기도합시다

하나님 아버지, 저를 제자 삼아 주심에 감사드립니다. 부족한 점이 많아서 낙심될 때도 있습니다. 하지만 지속적으로 훈련받고 주님을 알아가는 데 열심이길 원하오니 붙들어주시옵소서. 예수님의 이름으로 기도드립니다. 아멘.

1. 반복하여 읽어봅시다.

"그러므로 너희는 가서 모든 민족을 제자로 삼아 아버지와 아들과 성령의 이름으로 세례를 베풀고"(마 28:19)

2. 지난 주 나의 생활 평가하기

100점 성도 : 그리스도의 제자로 항상 훈련받으며 살았습니다.
80점 성도 : 그리스도의 제자로 살겠다고 늘 다짐하였습니다.
60점 성도 : 제자로서의 삶의 필요를 느끼며 살았습니다.
40점 성도 : 제자로 살 필요를 느끼며 살았습니다.

3. 실천합시다.

이번 주에는 주님과 더욱 깊은 관계를 맺고 제자 훈련을 받는 한 주간이 됩시다.

4. 기도 제목을 나눕시다.

구역 식구들과 함께 기도 제목을 서로 나누며 통성으로 기도합시다.

9월
새롭게 도약하는 달

"그러므로 하나님의 전신 갑주를 취하라
이는 악한 날에 너희가 능히 대적하고
모든 일을 행한 후에 서기 위함이라"

(엡 6:13)

제35과
하나님을 깊이 사랑합시다

본문말씀 : 요한일서 1:1-10 / 찬송 : 523, 327, 521장

레스터 롤로프 목사님은 오하이오주의 애그론에서 집회를 인도하기 위해서 그 교회 집사가 운전하는 비행기로 함께 캔턴 공항으로 가는 중이었습니다. 그런데 갑자기 비행기를 조종하던 집사님이 입술이 새파래지며 말을 했습니다. "목사님, 우리가 길을 잃었습니다! 나침반이 고장이 났습니다! 우리는 지금 에리 호수 상공을 날고 있는데 연료가 얼마 남지 않았습니다! 만일 이 나침반이 빨리 고쳐지지 않으면 우리는 호수 위에 비상착륙을 해야 할 것 같습니다!"

목사님은 떨리는 손으로 비행기의 계기판 위에 있던 피칸 땅콩 깡통을 집어 몇 개를 꺼내 먹었습니다. 그가 그 깡통을 치웠을 때 그 나침판이 온전하게 작동하기 시작했습니다. 깡통이 나침반의 작동을 방해했던 것입니다. 잘못된 장소에 놓여진 작은 땅콩 깡통이 항로에서 벗어나게 만들었던 것입니다.

1. 예수님이 우리의 대언자가 되어 주셨습니다.

주님은 우리와 하나님 사이가 멀어져 있을 때, 우리를 원위치로 되돌리는 일을 하시는 분입니다. 우리가 죄를 짓게 되면 예수 그리스도는 우리의 죄를 위해 대신 하나님 아버지께 용서를 구하는 대언자가 되어 주신다고 했습니다. 여기서 대언자란 '우리를 변호하기 위해 말하는 자' 라는 뜻입니다.

죄의 값은 죽음입니다. 그러므로 우리는 죽음이라는 죄의 값을 다 지불해야 하는데, 예수 그리스도는 우리 죄의 값을 자신의 죽음으로 대신하셨습니다. 하나님과 인간 사이에 놓여 있는 죄의 벽을 깨뜨리시고 화목제물이 되어 주신 것은 결국 구약의 예언의 성취였습니다. 이것은 모든 인간이 그리스도의 보혈의 피로 인하여 하나님과의 사귐을 가능케 하는 사실입니다.

● 만일 우리가 죄를 지으면 예수 그리스도는 하나님 앞에서 무엇이 되며, 어떤 역할을 하십니까?(2:1-2절)

2. 말씀에 순종합니다.

하나님과 사귀는 사람은 말씀에 순종해야 합니다. 하나님을 사랑한다고 말한 사람이 말씀을 지키지 않는 것은 거짓말하는 것이 되기 때문입니다. 그런 사람들은 모두 진리가 그 속에 있지 않기 때문입니다. 말씀을 지키기 위해서 노력하고 수고하는 사람은 진리 안에서 살아가게 됩니다. 순종은 하나님과 깊은 교제를 할 수 있는 길이 됩니다.

우리가 말씀을 순종하면 완전하여 흠이 없는 상태의 인격으로 변화되는데, 그 증거로 우리가 하나님 안에 있는 것을 안다고 말하고 있습니다. 주님 안에 내가 있는 증거가 하나님의 말씀을 지키는 생활에 있다는 것입니다.

● 하나님과 사귀고 있다고 하면서 계명을 지키지 않는 자는 어떤 사람이라고 합니까?(6절)

● 하나님의 말씀을 지키는 자는 하나님의 사랑이 자신을 어떻게 한다고 합니까?(2:5절)

3. 형제를 사랑합시다.

우리가 빛 가운데 거하는 것을 증명하는 방법은 바로 형제를 사랑하는 것입니다. 만약 하나님의 빛 가운데 거한다고 하면서 형제를 미워하고 있다면 아직까지도 그는 어두움 가운데서 사는 사람입니다. 그런 사람은 지금까지 어두움에 있으면서도 빛 가운데 거하는 사람처럼 위선된 삶을 살아왔다는 것이 됩니다.

우리가 형제를 사랑하기 때문에 하나님 앞에서 양심적으로 거리낌이 전혀 없으면 빛 가운데 행하는 사람이 됩니다. 그러나 형제를 사랑하지 않기 때문에 양심에 거리낌이 있다면 우리는 빛 가운데 산다고 말할 수 없습니다. 우리가 양심은 속일 수 없기 때문입니다.

● 당신이 아직도 형제 중에 미워하는 사람이 있다면 그 사실을 적어보고 그와 어떻게 화해할 것인지를 구체적으로 적어보도록 합시다.

다같이 기도합시다

하나님 아버지, 때로 우리는 죄를 인하여 욕심을 인하여 하나님과 교제하는 길을 잃어버리고 딴 길로 갈 때가 많이 있습니다. 주님의 인도로 다른 길로 가지 않고 온전히 하나님과 교제하며 동행하는 길을 가기를 원합니다. 항상 주님의 제자로 동행하는 길로 인도해 주옵소서. 예수님의 이름으로 기도드립니다. 아멘.

1. 반복하여 읽어봅시다.
"그가 빛 가운데 계신 것 같이 우리도 빛 가운데 행하면 우리가 서로 사귐이 있고 그 아들 예수의 피가 우리를 모든 죄에서 깨끗하게 하실 것이요 만일 우리가 죄가 없다고 말하면 스스로 속이고 또 진리가 우리 속에 있지 아니할 것이요"(요일 1:7-8)

2. 지난 주 나의 생활 평가하기
100점 성도 : 그리스도의 제자로 즐거운 마음으로 살았습니다.
80점 성도 : 그리스도의 제자로 살기 위해 노력하였습니다.
60점 성도 : 제자로서 항상 진리 위해 살려고 생각했습니다.
40점 성도 : 제자로서 주님과 동행할 필요를 느끼며 살았습니다.

3. 실천합시다.
이번 주에는 더욱 빛 가운데 거하며 또 혹시 죄의 길에 들어설지라도 빨리 돌아오게 해 주옵소서.

4. 기도 제목을 나눕시다.
구역 식구들과 함께 기도 제목을 서로 나누며 통성으로 기도합시다.

제36과
영적 성장을 이룹시다

본문말씀 : 요한일서 2:1-14 / 찬송 : 597, 330, 450장

하루 아침에 쑥쑥 자라는 버섯이 있습니다. 특히 무서운 독이 들어 있는 독버섯은 더더욱 하루가 다르게 쑥쑥 성장합니다. 그러나 단단한 거목은 오랜 세월을 두고 조금씩 성장해 갑니다. 성장 도중 크고 튼튼한 뿌리를 내리기 위해 음산하고 축축하고 차가운, 때로는 징그러운 벌레들이 스멀대는 어두운 땅속을 잘 견디어 냅니다. 그뿐 아니라 나무는 이 고역의 땅을 싫어하지 않습니다. 오히려 그 땅에 순응하고 길들여집니다. 고통과 아픔을 인내하는 땀방울 속에서 서서히 성장해 가는 것이 진정한 의미의 성장이라고 할 수 있습니다.

우리가 하나님과 가까워지려면 영적인 성장을 가져와야 합니다. 마치어린아이가 시간이 지날수록 점점 자라 성장하는 것처럼 말입니다. 사도 요한은 우리가 성장해야 하는 영적인 단계를 다음과 같이 네 가지로 말하고 있습니다.

1. 자녀로서의 탄생의 단계

첫 번째 단계는 자녀로서의 탄생의 단계로, 영적인 생명의 시작입니다. 이 단계는 우리가 하나님의 자녀로 하늘나라의 호적에 자신의 이름이 기록되는 것입니다. 여기서 '자녀들'이란 호칭은 헬라어로 '갓 태어난 아이들'이란 뜻입니다. 그러므로 자녀들이란 영적으로 갓 태어난 하나님의 아들 딸입니다. 자녀들의 단계에서는 우리의 죄가 예수 그리스도의 이름으로 말미암아 사함을 얻게 됩니다. 이것은 오직 우리의 노력이나 공로가 아니라

하나님의 일방적인 은혜에 의해서 우리가 영적인 새 생명을 소유하게 되는 것입니다.

2. 아이들의 단계

하나님이 우리에게 두 번째로 요구하시는 것은 아이들의 단계입니다. 갓태어난 갓난아이는 자신이 어떤 존재인지를 잘 모릅니다. 그것을 알기에는 너무 어리고 이릅니다. 그러나 그가 아이로 성장하면서 자신이 누구인지를 알게 되는 것입니다. 여기서 '아이들'이란 말은 '조금 성장한 아이이며 아직 경험이 부족한 사람'이란 뜻입니다. 결국 영적으로 조금 성장한 상태이고 영적인 경험이나 체험이 별로 없는 자라고 말하고 있습니다.

어린아이가 자라면서 제일 먼저 알게 되는 것이 엄마입니다. 이와 마찬가지로 하나님의 자녀가 된 사람이 처음에는 자신이 누구인지 또는 하나님이 어떤 분인지 잘 모릅니다. 그러나 차츰 시간이 지나 자신이 성장하면서 하나님이 자신의 아버지이신 것을 알게 됩니다.

많은 그리스도인들이 여기 아이들 상태에서 성장하지 못하고 머물러 있는 것을 볼 때 참으로 안타까움을 금할 수 없습니다. 당신은 지금 아이들 상태에서 지나 성장을 계속하고 있습니까?

3. 청년의 단계

우리가 아이들의 단계에서 정상적인 성장을 하면 영적으로 건강한 청년으로 자라게 됩니다. 본문은 이 단계를 '청년들아'란 호칭으로 말하고 있습니다. 육체는 청년으로 성장했지만 영적으로 아직도 유아기에 머물러 있지는 않습니까?

영적으로 청년의 시기가 되면 세 가지 두드러진 영적인 특징이 나타납니다. 영적인 청년들은 먼저 강력한 힘이 있습니다. 이것은 마치 청년시기가 되면 육체적으로 가장 강력한 힘이 축적되어 있는 것과 마찬가지입니다. 말씀을 자기 마음속에 간직하고 말씀의 지배를 받으며 자기의 삶에 적용할 줄 알고, 마침내 말씀의 인도를 통해서 영적인 승리를 거둘 줄 아는 사람들이 영적인 청년들입니다. 또한 청년기는 하나님의 말씀이 청년들의 마음속에 항상 거한다고 말하고 있습니다. 영적인 청년의 시기는 오직 말씀으로 살고 말씀으로 죽는 때입니다. 그러므로 말씀이 항상 자신을 주장하며, 말씀의 인도를 받아 죄를 멀리하는 생활을 하게 됩니다.

　마지막으로 영적인 청년의 특징은 악한 자를 이긴다고 말하고 있습니다. 이 말은 영적인 사람의 궁극적 승리를 말하는 것입니다. 청년들이 전혀 실패를 하지 않는다는 것이 아니라 많은 갈등이 있은 후에 궁극적인 승리를 거둔다는 말입니다.

4. 아비의 단계

마지막 단계인 아비들의 특징은 태초부터 계신 하나님을 안다는 것입니다. 여기서 '안다'는 말은 객관적, 상식적 지식에 의해서가 아니라 체험적 지식에 의해서 알았다는 것입니다. 그들은 하나님을 영적인 경험으로 깊이 알며 느끼고 있습니다.

● 지금 당신의 영적인 나이가 어느 정도인지 솔직하게 적어보고, 앞으로 어떻게 성장할 것인지를 말해봅시다.

다같이 기도합시다

하나님 아버지, 우리가 자녀로서 태어났으니 이제 성장하는 자녀가 되게 하여 주시옵소서. 속히 장성한 자로 자라가도록 인도해 주시기 원합니다. 예수님의 이름으로 기도드립니다. 아멘.

1. 반복하여 읽어봅시다.
"자녀들아 내가 너희에게 쓰는 것은 너희 죄가 그의 이름으로 말미암아 사함을 받았음이요"(요일 2:12)

2. 지난 주 나의 생활 평가하기
100점 성도 : 하나님과 깊이 사귀기 위하여 항상 말씀으로 살았습니다.
80점 성도 : 하나님께 가까이 다가가기 위해 노력하였습니다.
60점 성도 : 하나님과 깊이 사귀는 것을 느끼며 살았습니다.
40점 성도 : 너무 바쁘게 살았으나 주님을 느끼며 살았습니다.

3. 실천합시다.
이번 주에는 더욱 성장하는 자녀로 살기를 애씁시다.

4. 기도 제목을 나눕시다.
구역 식구들과 함께 기도 제목을 서로 나누며 통성으로 기도합시다.

제37과
살아있는 믿음을 지닙시다

본문말씀 : 야고보서 4:1-17 / 찬송 : 310, 563, 304장

"싸우는 정욕"이란 재미있는 단어입니다. 그 말은 평상시에는 보이지 않지만 일단 위기나 전쟁의 나팔소리가 나면 참호 속에 숨어있던 병사들이 싸우기 위해 벌떼같이 뛰어나와 싸우는 모습을 가리키는 말입니다. 따라서 우리의 다툼과 싸움은 모두 인간의 욕심과 정욕의 결과로 나타나는 것입니다.

성도가 욕심과 정욕의 문제를 해결하지 못하고 이것들에 의해서 삶이 끌려다니게 되면 참으로 불쌍한 인생의 모습으로 전락하고 말 것입니다. 이러한 성도는 하나님의 뜻대로 살기는 참으로 어렵고 사탄의 도구로 전락하게 될 가능성이 큽니다.

1. 싸움의 근원을 알아야 합니다.

첫째, 성도가 세상에서 제일 어려운 일이 있다면 그것은 당연히 자기 자신과의 처절한 싸움입니다. 특히 자신의 욕심과 정욕을 상대로 해서 싸우는 일은 그 무엇보다도 어렵고 힘든 싸움입니다. 특별히 우리가 자신의 욕심과의 싸움에서 지게 되어 욕심대로 살려고 해도 자신의 마음대로 살아가는 것이 아닙니다.

둘째, 성도가 하나님의 뜻을 무시하고 세상을 사랑하게 되면 하나님과 자신은 원수 관계가 된다는 사실을 알아야 합니다. 우리가 살아가는 세상은 참으로 매력 덩어리입니다. 단지 그 매력이 오래 지속되는 것이 아니라 잠시 잠깐으로 끝나지만, 곧바로 또 다른 유혹들이 우리의 욕심을 향해서

손짓을 해오기 때문에 우리가 세상의 유혹에서 의식적으로 헤어나오기가 참으로 어려운 일입니다.

셋째, 우리가 세상과 싸워서 이기려면 세상의 정체를 알아야 합니다. 마귀라고 불리우는 사탄이 세상의 배후 조종자입니다. 세상의 많은 사람들은 사탄의 도구로 자신도 모르게 이용되다가 종국에는 지옥으로 가게 되는 것입니다.

넷째, 사탄은 한 수 더해 성도들 간에 싸움을 하도록 상황을 유도합니다. 우리는 그것도 모르고 성도들 간에 헐뜯고 시기하고 질투합니다.

오늘날 교회 안에 얼마나 많은 분쟁이 일어나 교회를 파괴하고 무기력하게 만드는지 모릅니다.

● 우리의 싸움과 다툼이 어디서 옵니까?(1절)

● 우리가 하나님의 뜻을 행하는 데 방해가 되는 싸움의 종류를 적어 봅시다 (1–12절).

2. 소모적인 싸움을 종식시켜야 합니다.

소모적 싸움을 종식시키는 비결이 있습니다. 첫째, 기도해야 합니다. 많은 성도들이 기도에 대해서는 알고 있지만 직접 기도하는 이는 정작 많지 않습니다. 또한 많은 성도들이 기도를 만능의 열쇠로 착각하면서 살고 있다는 사실입니다. 우리가 응답받지 못하는 것은 기도하지 않았기 때문이지만, 기도해도 받지 못하는 것은 정욕과 욕심으로 쓸려고 잘못 구하기 때문입니다.

둘째, 은혜를 사모해야 합니다. 하나님께서는 우리에게 더 큰 은혜를 주시기 위해 언제나 준비하고 계십니다. 하나님은 어떤 사람에게 이러한 큰 은혜를 주신다고 했습니까? 바로 교만하지 않고 겸손한 자에게 주신다고 약속하고 있습니다.

셋째, 하나님의 말씀으로 매일매일 묵상해야 합니다. 하나님과 만나는 경건의 시간(QT)을 가질 때 비로소 하나님과 가까워질 수 있습니다.

넷째, 회개해야 합니다. 날마다 드리는 회개기도야말로 하나님의 사람이 가져야 할 당연한 본분입니다. 회개는 하나님을 가까이 하는 지름길입니다.

3. 하나님의 뜻을 모르는 어리석은 인생이 있습니다.

첫째, 이 세상에서 가장 어리석은 자는 안개와 같은 인생을 자신이 책임지겠다고 큰소리치는 자입니다.

둘째, 많은 사람들이 하나님이 아닌 이 세상의 것으로 허탄한 자랑을 합니다. 그들은 다른 사람에게 자신의 삶을 자랑하기 위해 사는 자들입니다.

셋째, 선을 행하는 것은 하나님이 우리에게 명령하신 자신의 뜻입니다. 우리가 선을 행해야 할 상황이 되었거나 하나님이 선이라고 말씀하신 일들을 행하지 않는 것은 하나님의 뜻을 거역하는 죄가 됩니다.

다같이 기도합시다

하나님 아버지, 어린아이와 같은 믿음을 버리고 이제 장성한 분량의 믿음을 가진 자로 삼아 주시옵소서. 항상 자라기를 즐겨하는 아이와 같이 자신의 신앙을 성장시키기 위해 애를 쓰는 성도 되게 하여 주시기 원합니다. 세상의 허탄한 것을 버리고 하나님의 자녀로서 항상 자신을 살피며 살아가는 성도가 되게 하여 주시옵소서. 예수님의 이름으로 기도드립니다. 아멘.

1. 반복하여 읽어봅시다.

"그러나 더욱 큰 은혜를 주시나니 그러므로 일렀으되 하나님이 교만한 자를 물리치시고 겸손한 자에게 은혜를 주신다 하였느니라"(약 4:6).

2. 지난 주 나의 생활 평가하기

100점 성도 : 하나님의 자녀로서 자라기 위하여 항상 말씀으로 살았습니다.

80점 성도 : 장성한 자로 하나님께 가까이 다가가기 위해 노력하였습니다.

60점 성도 : 성장을 위해 하나님과 깊이 사귀며 살았습니다.

40점 성도 : 너무 바쁘게 살아서 성장을 위한 생각만 했습니다.

3. 실천합시다.

새해의 계획을 다시 한번 점검하고 보완합시다.

4. 기도 제목을 나눕시다.

구역 식구들과 함께 기도 제목을 서로 나누며 통성으로 기도합시다.

제38과
혀를 잘 다스립시다

본문말씀 : 야고보서 3:1-18 / 찬송 : 197, 28, 309장

산 믿음의 소유자는 아름다운 그리스도인의 성품으로 변화하게 됩니다. 온전한 그리스도인의 성품은 무엇입니까? 우리의 마음, 즉 우리의 중심이 예수님의 마음으로 변화되는 것을 말합니다. 그런 사람은 말을 조심하며 남을 유익하게 하고 덕을 세우는 일을 하게 됩니다. 또한 다른 외부적인 것보다는 마음의 변화에 초점을 맞추어 살아갑니다.

1. 말과 생각을 잘 조절해야 합니다.

본문은 말씀을 실천하는 과정에서 언어생활과 사고하는 생활에서 하나님의 지혜가 어떻게 적용되는가를 구체적으로 말해주고 있습니다. 행함이 없는 믿음은 죽은 믿음이라고 했습니다. 우리가 행할 때에 중요한 것은 언어와 사고라고 할 수 있습니다. 사람은 무엇을 생각하느냐에 따라 말하며 행동하기 때문입니다. 행함이 없는 사람일수록 말이 많고 생각이 건전하지 못합니다.

사실 좋은 교회는 선생이 많은 교회가 아니라 종이 많은 교회입니다. 남을 지배하려는 사람, 잔소리를 잘하는 사람들이 많은 교회가 이 시대에 필요한 것이 아닙니다. 겸허한 자세로 남을 나보다 낮게 여기고, 섬기기를 즐겨 하는 사람들이 많은 교회가 더욱 필요합니다. 이와 같이 교회에 행동하는 사람보다 말을 앞세우는 사람이 많으면 그 교회는 매우 문제가 많을 것입니다. 그만큼 말하는 것이 중요하기 때문에 우리의 혀를 어떻게 사용하느냐에 따라 삶과 죽음이 좌우됩니다. 따라서 우리는 언어생활에 지대한 관심을 가져야 합니다. 우리는 세 치 혀의 위력을 깨닫고 혀를 잘 다스리는 사람이 되어야 합니다.

● 혀의 파괴하는 능력을 무엇에 비유합니까? 그 이유는 무엇입니까?(5-8절)

● 혀의 생산적인 능력을 무엇으로 비유합니까? 그 이유는 무엇입니까?(9-12절)

2. 혀를 잘 길들여야 합니다.

혀의 생산적인 능력에 대해서도 두 가지의 비유를 하고 있습니다. 여기에 샘과 나무가 등장합니다. 샘은 언제나 우리에게 신선한 물을 제공합니다. 나무는 인간생활의 동반자이며 언제나 열매를 맺듯이 우리의 혀도 항상 하나님께 영광 돌리는 생산적인 말을 해야 합니다.

그럼에도 불구하고 한 입으로 찬송하고 또 한 입으로 저주하는 일을 서슴지 않음을 보면서 우리의 혀가 얼마나 간사스러운지를 느낄 수 있습니다. 뿐만 아니라, 오히려 한 가지의 사명을 다하는 샘과 나무의 열매보다도 못한 것이 우리의 혀가 아닌가 생각해 봅니다. 그러므로 우리는 자신의 마음의 변화에 더욱더 큰 관심을 가져야 할 것입니다. 주님은 우리의 입에서 나오는 것이 더러운 것이 아니라 우리의 마음에서 나오는 것이 사람을 더럽게 한다고 말씀하셨습니다(막 7:21).

3. 지혜를 분별할 줄 알아야 합니다.

인간생활에 있어서 가장 중요한 것은 마음입니다. 우리는 생각을 통해서 행동하게 됩니다. 우리의 생각은 마음의 동기에 따라 형성되어집니다. 이와 같은 마음의 동기를 이루는 중요한 요소는 하나님이 주시는 지혜입니다.

성도들 중에도 땅의 지혜와 하늘에서 내려오는 지혜를 분별하지 못하고 세상적이고, 정욕적이고, 마귀적인 삶을 추구하는 사람이 많이 있습니다. 이런 성도는 언제나 땅의 것으로 영적인 풍요로움을 잃어버리는 어리석은 사람입니다. 땅의 지혜가 우리들을 혼돈시키고 있습니다.

온전한 선물과 각양 좋은 은사가 다 위로 하나님으로부터 주어지는데, 그 중 하나가 지혜입니다. 이 지혜는 땅에 속한 지혜와 달리 주께서 각자에게 주시는 지혜로서, 주님과의 영적인 교제를 통해서만 얻을 수 있는 것입니다. 우리는 이러한 지혜를 하나님으로부터 선물로 받기 위해 날마다 기도해야 할 것입니다.

● 땅의 지혜는 무엇입니까?(15-16절)

● 하나님이 주시는 지혜는 무엇입니까?(17절)

다같이 기도합시다

하나님 아버지, 항상 혀를 조심하여 말로 인한 분쟁보다는 평화를 만들 줄 아는 성도가 되게 하여 주시옵소서. 하나님의 자녀로서 이제 성장하는 아들이 되게 하여 주시고 항상 혀를 창조적으로 사용할 수 있도록 인도해 주시기 원합니다. 예수님의 이름으로 기도드립니다. 아멘.

1. 반복하여 읽어봅시다.

"이와 같이 혀도 작은 지체로되 큰 것을 자랑하도다 보라 얼마나 작은 불이 얼마나 많은 나무를 태우는가"(약 3:5)

2. 지난 주 나의 생활 평가하기

100점 성도 : 허탄한 마음을 버리고 장성한 자가 되기 위해 기도와 말씀에 힘썼습니다.
80점 성도 : 하나님의 자녀로서 항상 말씀 중심으로 살려고 노력하였습니다.
60점 성도 : 하나님의 자녀로서 믿으며 살았습니다.
40점 성도 : 너무 바쁘게 살았습니다.

3. 실천합시다.

이번 주에는 더욱 혀를 조심하며 사람들을 변화시키는 삶을 살기를 애씁시다.

4. 기도 제목을 나눕시다.

구역 식구들과 함께 기도 제목을 서로 나누며 통성으로 기도합시다.

제39과
사랑의 증거자가 됩시다

본문말씀 : 요한일서 4:7-10, 신명기 10:12 / 찬송 : 28, 563, 310장

어떤 사람은 단지 세상만을 위해서 열심히 일합니다. 영국의 한 여류 명사는 유럽에서 가장 옷 잘입는 베스트 드레서로 선출되었는데, 아름답고 우아한 자태로 많은 사람들의 선망의 대상이었습니다. 물론 이것도 필요합니다. 세상의 아름다움도 고취해야 합니다. 한참 후 그녀가 죽은 뒤에 남긴 옷을 조사해보니 무려 천 벌이 넘었습니다. 그러나 그 옷들은 유행이 지나고 변해 버린 것들이었습니다. 들의 풀꽃처럼 말입니다.

동시에 어떤 남자는 죽을 때 남긴 옷이 별로 없었습니다. 그 중의 한 벌은 곤색의 군복이었습니다. 그의 이름은 윌리엄 뿌드였습니다. 그는 구세군의 창설자였습니다. 그를 통해서 수십만의 사람들이 생명을 얻었고 물질의 도움도 받았습니다. 지금 그가 가고 없지만 외로운 성탄절, 연말 연시마다 그는 빈민들에게 그리스도인의 사랑을 나누어주고 있습니다. 자신을 위해서 아무것도 남긴 게 없었던 사람이었는데 말입니다.

1. 사랑의 표준은 하나님입니다.

진정한 신앙인이라면 하나님께로부터 받은 사랑을 이웃에게 나누어 주어야 합니다. 하나님과의 수직적인 관계가 제대로 되었다면 이웃과의 수평적인 관계도 잘 이루어져야 합니다. 어느 한쪽에 치우치는 것은 결코 하나님의 뜻이 아닙니다. 먼저 하나님을 사랑하고 이웃을 사랑하는 것이야말로 전형적인 기독교인의 모습인 것입니다.

우리가 나 자신이나 하나님이나 이웃을 잘 사랑할 수 있는 방법은 무엇

이겠습니까? 인간이 먼저 하나님을 사랑한 것이 아니고 하나님께서 먼저 인간을 사랑해 주셨습니다. 그러므로 사랑의 표준은 항상 하나님입니다. 하나님의 사랑을 받은 사람은 꼭 이웃을 사랑해야 합니다.

● 하나님의 사랑이 우리 속에 어떻게 나타났습니까?(롬 5:8)

● 여기서 "죄인되었을 때"라는 말을 묵상해 보십시오.

● 당신은 하나님의 계명을 잘 지키고 있습니까? 당신이 잘하는 부분과 그렇지 못한 부분은 무엇입니까?

2. 받은 사랑을 베풀어야 합니다.

이웃을 사랑하여 선을 베풀 때에는 항상 하나님께 받은 사랑을 되새겨 보아야 합니다. 그리고 인간의 한계에 부딪혀 할 수 없는 경우는 "네 이웃을 네 몸과 같이 사랑하라"는 주님 말씀의 능력으로 사랑을 해야 할 것입니다.

● 이웃을 어떻게 사랑해야 합니까?(마 22:39)

● 하나님을 사랑하는 자는 어떻게 하라고 성경에서는 말씀하고 있습니까?(요일 4:21)

3. 가장 큰 사랑은 복음을 주는 것입니다.

사랑은 결코 이론도, 추상적인 것도 아닙니다. 실제적이고 구체적인 삶의 방법입니다. 이웃을 위해 자신의 것을 희생하고 잘못된 것을 용서해 주며 서로 섬기는 것이야말로 진정한 사랑입니다. 그리고 가장 큰 사랑은 이웃에게 복음을 전하고 그로 하여금 영생을 얻게 하는 것입니다. 우리는 그리스도의 성품인 사랑을 본받아 생활 중에 자연스럽게 사랑을 실천해야 합니다. 이웃을 향한 사랑의 행위는 자랑이 아닌 우리 기독교인 본연의 자세인 것입니다.

● 당신은 당신의 이웃과 친구를 위해 무엇을 줄 수 있습니까?

● 당신이 아직 용서하지 못하고 있는 친구가 있다면 어떻게 하시겠습니까?

다같이 기도합시다

하나님 아버지, 우리에게 먼저 사랑을 보여 주시니 감사합니다. 하나님의 말씀을 따라 이웃을 사랑하며 살게 하여 주옵소서. 이웃을 살피며 말세를 살아가는 성도가 되게 하여 주옵소서. 예수님의 이름으로 기도드립니다. 아멘.

1. 반복하여 읽어봅시다.

"사랑하는 자들아 우리가 서로 사랑하자 사랑은 하나님께 속한 것이니 사랑하는 자마다 하나님으로부터 나서 하나님을 알고"(요일 4:7)

2. 지난 주 나의 생활 평가하기

100점 성도 : 혀를 조심하며 사람들을 위하며 살았습니다.

80점 성도 : 창조적으로 혀를 사용하기 위해 노력하였습니다.

60점 성도 : 하나님의 자녀로서 혀를 제어할 필요를 느끼며 살았습니다.

40점 성도 : 혀를 조심하며 살았습니다.

3. 실천합시다.

이번 주에는 가난한 이웃을 돌아보며 삽시다.

4. 기도 제목을 나눕시다.

구역 식구들과 함께 기도 제목을 서로 나누며 통성으로 기도합시다.

10월
영적인 추수의 달

"내 아버지의 뜻은 아들을 보고
믿는 자마다 영생을 얻는 이것이니
마지막 날에 내가 이를
다시 살리리라 하시니라"
(요 6:40)

제40과
순결하게 삽시다

본문말씀 : 로마서 1:27-31, 디모데후서 3:1-5 / 찬송 : 390, 461, 458장

안데르센의 동화에 〈분홍신〉이라는 이야기가 있습니다. 마술사가 만든 분홍신이 있는데, 그 신발은 누구든지 한번 신기만 하면 죽을 때까지 춤을 출수밖에 없는 마법의 신발입니다. 한 소녀가 그 신발의 아름다움을 보고 호기심에 이끌려 신발을 신게 됩니다. 분홍신을 신은 소녀는 춤을 추기 시작했습니다. 얼마나 날렵하게 춤이 춰지는지 정말 황홀했습니다. 화려한 거리에서 수많은 청년들로부터 찬사를 받았습니다. 소녀가 자기 집 문앞에 와서도 춤을 추는 것을 본 어머니가 "이제 그만 춤을 멈추고 집으로 들어오라"고 애원했지만, 소녀는 계속해서 춤을 추다가 지쳐서 쓰러져 죽고 말았습니다. 그 마력의 분홍신을 신지 않았어야 했습니다. 한번 발을 들여놓은 소녀는 결국 발을 빼지 못하고 죽은 것입니다.

1. 세상은 죄악이 관영합니다.

요즘 우리 주위를 살펴보면 '성결'이라는 단어를 찾아보기가 힘듭니다. 죄악의 물결이 넘치고 있고 성결한 사람은 오히려 시대에 뒤떨어진 사람으로 취급을 받습니다. 상황윤리가 너무나 당연하게 받아들여지고 있어서, 성결이란 말과 행위는 아무런 대접을 받지 못하고 있습니다. 그러나 하나님께서는 여전히 이 시대에도 성결을 원하고 계십니다.

　모든 뉴스 매체들은 정치, 문화, 사회, 경제 등의 부분에서 일어나는 범죄에 대해 경쟁적으로 전해주고 있습니다. 도시마다 거리마다 돈버는 것만이 최대의 관심사입니다. 이런 세상에 살면서 믿음을 지키고 하나님이

기뻐하시는 삶을 산다는 것이 쉽지만은 않습니다.

● 이 세상의 도덕적 수준은 어느 정도라고 생각하십니까? 로마서 1:27-31과 디모데후서 3:1-5을 비교하여 보십시오.

● 하나님 모시기를 싫어하는 현대인들의 마음속에 채워져 있는 것은 무엇입니까?(시 52:3; 잠 11:28)

● 이 세상 사람들은 주로 어떤 것에 관심을 가지고 있습니까?(약 4:13)

2. 순결은 정직한 모습입니다.

사람들은 자신의 순결하지 못한 것을 여러 가지로 변명합니다. 모든 사람이 하니까 나도 합니까?(잠 14:12) 아니면 다른 이에게 직접적인 해를 끼치지 않는 이상 괜찮은 것입니까?(레 5:17) 그것도 아니면 나의 하는 일을 다른 사람에게 들키지 않으면 상관없습니까?(히 4:13) 거룩하지 못한 행동을 하고 죄를 짓는 것은 나쁘지만 그것을 합리화하고 변명하는 것은 더욱 가증스러운 일입니다. 아담이나 사울 왕도 잘못을 저지르고 회개하기 보다는 변명하기에 바빴습니다. 순결은 변명하지 않는 정직한 모습에서 나오는 것입니다.

● 하나님께서는 마음이 청결한 자에게 무엇을 약속하셨습니까?(시 24:3-5; 마 5:8)

● 하나님의 백성으로서 마땅치 않은 일들은 무엇입니까?(엡 5:3-4)

3. 순결한 삶을 살아야 합니다.

순결한 삶을 살기 위해서는 먼저 유혹을 받을 만한 환경을 피해야 합니다. 우리들의 대부분은 유혹에 약하기 때문입니다. 그리고 모든 생활 가운데서 불꽃 같은 눈으로 우리를 지켜보고 계시는 하나님을 의식하며 살아야 죄를 멀리할 수 있습니다. 하지만 가장 중요한 것은 성령님의 능력을 힘입는 것입니다. 우리가 성령님의 능력을 힘입어 살 때 마귀의 역사도 물리치며 모든 죄악을 이기고 승리할 수 있게 됩니다.

● 순결한 삶을 살기 위해 먼저 해야 할 것은 무엇입니까?(딤후 2:22)

● 요셉이 보디발의 아내의 유혹을 끝까지 물리칠 수 있었던 이유는 무엇입니까?(창 39:9)

다같이 기도합시다

하나님 아버지, 주님의 재림의 때를 기다리며 사는 성도 되기를 원합니다. 그리스도께서 다시 오신다는 약속을 믿으며 경건하게 살게 하옵소서. 마지막 때를 사는 주의 백성답게 세상에 속하지 않게 하여 주옵소서. 예수님의 이름으로 기도드립니다. 아멘.

1. 반복하여 읽어봅시다.

"경건의 모양은 있으나 경건의 능력은 부인하니 이 같은 자들에게서 네가 돌아서라"(딤후 3:5)

2. 지난 주 나의 생활 평가하기

100점 성도 : 이웃에 대한 사랑을 실천하며 살았습니다.

80점 성도 : 이웃을 사랑하며 살았습니다.

60점 성도 : 사랑을 실천할 것을 생각하며 살았습니다.

40점 성도 : 바쁘지만 이웃 사랑에 대한 책임을 느끼며 살았습니다.

3. 실천합시다.

재림을 사모하며 살기를 약속합시다.

4. 기도 제목을 나눕시다.

구역 식구들과 함께 기도 제목을 서로 나누며 통성으로 기도합시다.

제41과
말세의 징조를 주목합시다

본문말씀 : 디모데후서 3:1-5 / 찬송 : 321, 496, 88장

우리는 마지막 세대를 살아가는 신자들입니다. 말세가 되면 기롱하는 자와 속이는 자, 또 믿는 자들의 믿음을 넘어뜨리는 수많은 대적들이 성도들의 마음을 상하게 할 것입니다. 고도의 산업사회 속에서 성도들은 말할 수 없는 스트레스를 체험할 것입니다.

우리는 예수님께서 다시 오시는 그날과 그 시를 결코 알 수 없지만 천기를 보고 비가 올 것을 예상하듯이 예수님께서 다시 오실 날을 예견할 수 있습니다. 우리의 주위를 보면 성경에서 말하는 말세의 징조들이 너무나 뚜렷하게 나타나고 있습니다.

1. 윤리적 징조

말세가 되면 고통하는 때가 이른다고 하였습니다. 다음 성경을 보고, 당신 주위에서 그러한 현상을 찾아 ○표 해 보십시오(딤후 3:1-5).

_ 자기를 사랑함(3:2)
_ 돈을 사랑함(3:2)
_ 자랑하고 교만하고 훼방함(3:2)
_ 부모를 거역함(3:2)
_ 감사치 아니하며 거룩하지 아니함(3:2)
_ 무정하며 원통함을 풀지 아니하며 참소함(3:3)
_ 절제하지 못하며 사나움(3:3)

_ 선한 것을 좋아하지 아니함(3:3)

_ 배신함(3:4)

_ 조급하며 자고함(3:4)

_ 쾌락을 하나님보다 더 사랑함(3:4)

_ 경건의 모양은 있으나 경건의 능력은 부인함(3:5)

하나님께 멸망당한 사람들의 공통적인 특징은 성적인 타락입니다. 이 때문에 소돔과 고모라가 멸망당하였습니다. 윤리적인 타락도 극을 향해 치닫고 있습니다. 자식이 부모를 죽이는가 하면 인신매매가 극성을 떱니다. 세상 어디를 보아도 도덕성의 상실은 쉽게 찾아볼 수 있습니다. 이것은 모두 주님의 심판의 때가 가까웠다는 것을 나타내 주는 현상들입니다.

● 소돔과 고모라를 멸하신 가장 큰 이유는 무엇입니까?(창 6:1-2)

● 로마서 1:26-27을 살펴보고 지금의 상황과 비교해 보십시오.

2. 성경적 징조

난리의 소문이 끊임없이 우리의 귀에 들어옵니다. 또한 지금도 아프리카나 동남아시아의 일부 국가들에서는 수많은 이들이 기아로 죽어가고 있습니다. 이 모든 것들은 마지막 때에 대한 성경의 예언과 일치하고 있습니다.

● 주의 임하심과 세상 끝에는 어떤 징조가 있습니까?(마 24:6-7)

● 최근에 일어난 난리의 소문(쿠테타, 데모 등), 민족과 민족의 분쟁, 나라와 나라의 전쟁들, 그리고 천재지변 등이 의미하는 바는 무엇입니까?(마 24:6-8)

3. 영적인 징조

통계에 의하면 신흥종교에 빠진 우리나라 사람들이 200만명 정도나 된다고 합니다. 이러한 무리를 따르는 사람들이 결코 적지 않습니다. 또 교회는 사랑이 식어가고 모이기에 힘쓰지도 않으며 믿음대로 살아가는 사람이 점점 더 적어져 갑니다. 이런 것들이 모두 확실한 말세의 징조들인 것입니다. 지금 중요한 것은 현 시대가 과연 말세냐 아니냐가 아니라 이 말세의 시대를 어떻게 살아가느냐 하는 것입니다.

● 성경에서는 적그리스도가 출현하기 전에 어떤 일이 있을 것이라고 말합니까?(살후 2:3)

● 적그리스도에 대하여 우리 성도들은 어떻게 해야 합니까?

다같이 기도합시다

하나님 아버지, 말세라고 하지만 사람들은 이에 대한 의식이 전혀 없는 시대에 살고 있습니다. 우리에게 먼저 세상의 종말을 알게 하시니 감사합니다. 항상 이웃을 살피며 말세를 살아가는 성도가 되게 하여 주시옵소서. 예수님의 이름으로 기도드립니다. 아멘.

1. 반복하여 읽어봅시다.
"경건의 모양은 있으나 경건의 능력은 부인하니 이 같은 자들에게서 네가 돌아서라"(딤후 3:5)

2. 지난 주 나의 생활 평가하기
100점 성도 : 종말을 사는 성도답게 성결하게 살았습니다.
80점 성도 : 성결한 삶의 중요성을 묵상하며 살았습니다.
60점 성도 : 성결한 삶의 필요성을 느끼며 살았습니다.
40점 성도 : 성결한 사람이 되어야 한다고 생각하며 살았습니다.

3. 실천합시다.
종말론적인 삶을 살도록 약속합시다.

4. 기도 제목을 나눕시다.
구역 식구들과 함께 기도 제목을 서로 나누며 통성으로 기도합시다.

제42과
종말론적 삶을 삽시다

본문말씀 : 데살로니가전서 4:13-18 / 찬송 : 323, 316, 269장

최근까지 예수님의 재림에 대한 논란으로 기독교인들이 혼란을 겪기도 했습니다. 많은 이단들이 거의 대부분 시한부 종말론에 대한 것을 가지고 사람들을 미혹합니다. 이들은 한결같이 주님의 가르침을 정면으로 거스려 말세의 때와 시를 알 수 있다고 많은 이들을 현혹하고 있습니다. 아직 이루어지지 않은 성경의 예언이 있다면 그것은 말세, 곧 주님의 재림에 관한 것일 것입니다. 우리 성도들은 성경에 입각한 말세관을 갖는 것이 필요합니다. 말세에 대해 제대로 알아야 주님의 재림을 대비할 수도 있고 이단의 유혹을 물리칠 수도 있을 것입니다.

1. 예수님은 재림하십니다.

말세라는 말이 등장할 때마다 따라다니는 2가지 단어는 재림과 휴거입니다. 성경은 예수님의 초림에 대해서는 약 200여 회 약속하고 있으며, 그 약속대로 예수님께서 오셨습니다. 그런데 그리스도의 재림에 관해서는 초림보다 2배 정도나 많은 예언을 하고 있습니다.

주님은 분명 그 예언의 말씀처럼 다시 오실 것입니다. 그리고 휴거란 예수님께서 다시 오실 때, 믿는 성도들이 공중으로 끌어 올려 주님을 만나는 감격스러운 사건을 말합니다.

● 재림에 대한 성경의 약속은 무엇입니까?(행 1:11)

● 예수님께서는 어떻게 재림하십니까?(살전 5:2-3)

● 주님의 재림을 부인하는 자들을 성경에서는 무엇이라고 말합니까?(벧후 3:3-4; 마 24:48)

2. 재림의 때와 시는 알 수 없습니다.

분명히 주님께서는 재림의 정확한 때를 알 수 없다고 하셨습니다. 그런데 어떤 이들은 영적으로나 신비한 체험을 통하여, 혹은 성경을 해석하는 말장난 등으로 그 때를 알 수 있다고 주장합니다. 주님의 재림은 사람들의 호기심을 채워주기 위한 것이 아니라, 우리 믿는 이들을 구원하기 위한 하나님의 섭리 중의 하나입니다. 그런데 하나님의 말씀을 거스려 마지막 때를 알 수 있다고 주장하며, 사람들을 현혹하는 이들에게는 분명히 그에 따르는 대가가 있을 것입니다.

우리에게 중요한 것은 재림의 때와 시를 아는 것이 아니라 성령의 능력으로 권능을 받아 선교하는 일입니다. 재림에 대한 허황된 주장이나 미혹된 주장들에 귀를 기울이지 말고 주님의 말씀에 순종하여 선교하는 삶을 사는 것이 올바른 길입니다.

● 예수님 재림의 때와 기한을 알려고 하는 것보다 우리가 노력해야 할 부분은 어떤 것입니까?(행 1:6-8)

● 왜 예수님께서는 재림의 정확한 날이나 시를 알려주지 않으셨을까요?(살전 5:1-2; 살후 2:1-2)

3. 주의 재림을 예비해야 합니다.

예수님께서 재림하실 때 믿는 우리들의 몸은 변화됩니다(빌 3:20-21). 그리고 우리는 그리스도와 함께 영원히 왕노릇 하게 됩니다(계 20:4). 그러나 적그리스도와 악한 영들은 영원한 형벌에 들어가게 됩니다.

　우리의 소망은 그리스도의 재림입니다. 하나님께서 친히 다스리시는 그 나라에서 사는 것이야말로 우리 믿는 이들의 가장 큰 소망인 것입니다. 그러므로 우리는 그 날을 예비하며 깨어서 늘 그 때를 대비하며 살아야 하겠습니다.

● 주님의 재림은 믿는 이들에게 어떤 의미가 있습니까?(살전 4:16-17; 계 1:7)

다같이 기도합시다

하나님 아버지, 주님의 재림의 때를 기다리며 사는 성도가 되기를 원합니다. 그리스도께서 다시 오신다는 약속을 믿으며 경건하게 살게 하옵소서. 마지막 때를 사는 주의 백성답게 세상에 속하지 않게 하여 주옵소서. 예수님의 이름으로 기도드립니다. 아멘.

1. 반복하여 읽어봅시다.

"그 후에 우리 살아 남은 자들도 그들과 함께 구름 속으로 끌어 올려 공중에서 주를 영접하게 하시리니 그리하여 우리가 항상 주와 함께 있으리라"(살전 4:17)

2. 지난 주 나의 생활 평가하기

100점 성도 : 종말을 사는 성도답게 항상 경건하게 살았습니다.
80점 성도 : 종말의 때를 사는 성도답게 살았습니다.
60점 성도 : 종말의 때를 즐기며 살았습니다.
40점 성도 : 종말의 때를 살지만 너무 바쁘게 살았습니다.

3. 실천합시다.

종말론적인 삶을 살도록 약속합시다.

4. 기도 제목을 나눕시다.

구역 식구들과 함께 기도 제목을 서로 나누며 통성으로 기도합시다.

제43과
주의 재림을 준비합시다

본문말씀 : 야고보서 5:1-20 / 찬송 : 94, 563, 305장

주의 재림이 가까워지면서 물질주의자를 경고합니다(약 5:1-6). 성경은 무조건 부유한 자를 정죄하지는 않습니다. 본문의 부자는 주의 재림을 앞두고 그릇된 방법으로 부자가 되었을 뿐만 아니라, 그 부를 사용하는 문제에도 잘못이 있으므로 경고하는 것입니다.

물질주의자는 물질을 자신의 인생에 가장 중요한 목표로 삼거나 그것 때문에 삶을 사는 사람을 말합니다. 성경은 이런 사람들에게 어떻게 경고합니까?

1. 선한 청지기로 살아야 합니다.

본문의 부자들은 재물을 모아서 쌓아두는 재미로 살았습니다. 또한 그들은 사치와 낭비로 하나님이 맡겨주신 재물을 허비하고 말았습니다. 성경은 이들에게 주의 재림 때에 당할 고통을 생각하며 울며 통곡하라고 경고하고 있습니다.

감리교 창시자 웨슬레는 "돈 쓰는 것을 보면 그의 신앙과 사람됨을 알 수 있다"고 했습니다. 사실 돈을 가지고 영원토록 살 자도 없고 지옥까지 가지고 갈 자도 없는 것을 알아야 합니다.

따라서 물질은 정당한 노력에 의해서 벌어야 합니다. 투기를 하거나 그 외에 다른 정당하지 못한 방법으로 돈을 버는 것은 하나님의 사람들이 할 일이 아닙니다. 또한 우리가 돈을 버는 것도 중요하지만 정당하게 쓰는 것은 더욱 중요합니다.

물질 사용에 대한 심판의 확실성과 심판 날에 대한 선언을 하고 있습니다. 우리는 심판 날을 생각하면서 선한 청지기처럼 물질을 사용해야 합니다. 돈으로 약은 살 수 있으나 건강을 살 수는 없습니다. 돈으로 사치는 살 수 있으나 시간은 살 수 없습니다. 돈으로 쾌락을 살 수 있을지 모르나 행복은 살 수 없습니다. 돈으로 십자가 아니 금 십자가도 살 수 있습니다. 그러나 그 십자가에 못 박히시고 부활하신 그리스도는 살 수가 없습니다.

2. 인내의 삶을 살아야 합니다.

현대인에게 가장 부족한 것 중에 하나가 인내입니다. 인간이 왜 인내심을 상실했을까요? 그것은 인간이 현대의 문명 속에서 자연을 멀리하게 되면서부터입니다. 성경은 자연 속에서 자연의 순리를 기다릴 줄 아는 농부의 인내를 배우라고 말씀하십니다. 아무리 미련한 농부라고 할지라도 곡식이 열매를 맺을 때까지는 기다릴 줄 압니다.

우리는 인스턴트 시대에 살면서 기다리는 마음을 상실한 사람들입니다. 이제는 우리가 농부의 기다리는 지혜를 배워서 주의 재림을 기다려야 할 것입니다.

인내란 그냥 참는 것만이 아니고, 참으면서 하나님의 목적을 꾸준히 달성해 나가는 것입니다. 선지자들은 주님이 이 땅에 오실 것이라고 예언한 것을 바라보고 기다리다가 죽어 갔습니다. 욥은 자신의 재산을 다 잃어버리고 건강이 최악의 상태인데도 좌절하지 않고 주께서 자신을 회복시켜 주실 것을 기다리면서 살았습니다.

앤드류 머레이는 "하나님은 때때로 왜 지체하시는가? 하나님은 지체하실 때마다 우리에게 갑절의 축복을 준비하고 계신다"고 말했습니다. 또한 서양 속담에 "세계는 인내하는 자의 것이다"라는 말이 있듯이 주의 재림을 기다리며 인내하는 자에게 복이 있을 것입니다.

3. 기도해야 합니다.

성경은 고난을 당할 때 인내와 더불어 기도할 것을 가르치고 있습니다. 불신자들도 고난을 당할 때 참을 수 있습니다. 그러나 기도는 하지 못할 것입니다. 따라서 기도는 그리스도인들의 특권이며 위대한 무기입니다.

여기서 나오는 고난은 우리의 죄 때문에 당하는 고난이라기보다는 예수를 믿기 때문에 당하는 고난이며, 예수 그리스도를 잘 믿으려고 하다가 당하는 고난을 말합니다. 우리는 이러한 고난이 있을 때 하나님께 감당할 수 있는 힘을 달라고 기도해야 할 것입니다.

그리스도인은 자신의 고난뿐만 아니라 형제의 고난도 돌아보아 기도해야 합니다. 이는 우리가 주안에서 한 몸이요, 같은 지체이기 때문입니다. 우리가 질병을 가진 형제를 보면 마음이 무겁고 같은 아픔을 느낍니다. 나아가 진리를 떠나 방황하는 형제를 보면 더 괴롭습니다.

우리는 그들을 위해 기도해야 합니다. 진리를 떠난 자들이 회개하고 돌아올 때까지 기도하며 권면해야 합니다.

다같이 기도합시다

하나님 아버지, 물질이 없이 살 수는 없겠지만 물질에 매이는 삶을 살지는 말게 하옵소서. 자녀로서 항상 자신을 살피며 말세를 살아가는 성도가 되게 하여 주시옵소서. 예수님의 이름으로 기도드립니다. 아멘.

1. 반복하여 읽어봅시다.
"들으라 부한 자들아 너희에게 임할 고생으로 말미암아 울고 통곡하라"(약 5:1)

2. 지난 주 나의 생활 평가하기
100점 성도 : 종말을 사는 성도답게 항상 경건하게 살았습니다.
80점 성도 : 종말의 때를 사는 성도답게 살았습니다.
60점 성도 : 종말의 때를 즐기며 살았습니다.
40점 성도 : 종말의 때를 살지만 너무 바쁘게 살았습니다.

3. 실천합시다.
새해의 계획을 다시 한번 점검하고 보완합시다.

4. 기도 제목을 나눕시다.
구역 식구들과 함께 기도 제목을 서로 나누며 통성으로 기도합시다.

11월

감사하는 달

"할렐루야 여호와께 감사하라

그는 선하시며 그 인자하심이 영원함이로다"

(시 106:1)

제44과
고난을 기쁘게 여깁시다

본문말씀 : 베드로전서 2:18-25 / 찬송 : 40, 243, 445장

분명히 모든 기독교인들은 그리스도를 믿어 영생을 받았고 가장 귀한 생명을 얻었습니다. 그러나 주님을 믿었다고 모든 어려움들이 일시에 없어지는 것은 아닙니다. 여러 가지 고난들과 회의와 좌절을 겪기도 합니다. 그러나 하나님께서는 그런 것들을 통해 우리를 연단하시고 오히려 복을 베풀어 주십니다.

1. 주님께서 친히 고난을 당하셨습니다.

당신이 예수님을 믿는 신앙 때문에 당한 고통에는 어떤 것들이 있습니까? 하나님께서는 우리들에게 어려움을 주십니다(벧전 1:6-7). 하지만 그것보다 더 중요한 문제가 있습니다. 하나님께서 친히 고난을 당하셨다는 것입니다. 그러면 하나님께서는 어떤 고난을 당하셨습니까?(마 26:39) 그 고난은 인간으로서는 도저히 감당할 수 없는 십자가의 고통과 사랑하는 사람들로부터 버림을 당하는 고난, 그리고 모욕과 멸시를 당하는 고통이었습니다(마 27:46).

● 고난에는 여러 가지 종류가 있습니다. 성경에서는 왜 고난이 생긴다고 말하고 있습니까?(벧전 2:20)

● 당신은 죄로 인하여 어떤 고난을 받아 보셨습니까? 죄 때문에 당한 고난은 어

떻게 해결해야 하겠습니까?(대하 7:14)

● 죄가 없이 시련이 오는 경우가 있는데 어떤 것입니까?(약 1:3-4)

2. 고난을 기쁘게 여겨야 합니다.

고난에는 여러 가지가 있습니다. 죄 때문에 오는 징계도 있고, 우리를 훈련
시키고 축복을 받게 하기 위한 연단도 있습니다. 또한 예수님처럼 인류의
구원과 축복을 위하여 당하는 수준 높은 고난도 있습니다. 하지만 이 모든
것들은 다 합력하여 우리들에게 유익이 됩니다(롬 8:28).
　하나님께서 우리들에게 고난을 주시는 목적은 무엇입니까? 아마 모르긴
해도 고난을 당할 때는 어려워도 궁극적으로 당신에게는 유익이 되었을 것
입니다. 그러므로 우리가 고난을 당할 때 오히려 기쁘게 여기라고 성경은
가르쳐 주고 있습니다(벧전 4:12-14).

● 예수님께서는 자신에게 시험이 닥쳐왔을 때 어떻게 하셨습니까?(눅 22:44;
히 5:7)

● 하나님께서 이스라엘 사람들을 시험하신 이유는 무엇이었습니까?(신 8:2)

● 그 시험은 궁극적으로 어떤 목적을 가진 것이었습니까?(신 8:16)

3. 모든 것이 합력하여 선을 이룹니다.

하나님께서 우리들에게 고난을 주시는 목적은 결코 우리를 미워해서가 아닙니다. 우리를 훈련시키시고 인격을 연단하기 위한 것이며 결국 축복으로 채워주시려는 것입니다. 따라서 우리는 고난을 받을 때 오히려 기뻐하면서 하나님의 도와주심을 기대해야겠습니다.

　사도 바울은 하나님의 기적의 역사도 많이 체험하였지만 반면에 고난도 많이 겪었습니다. 그러한 고난들에 대해 그가 내렸던 결론은 모든 것이 합력하여 선을 이룬다는 것이었습니다(롬 8:28). 모든 것이 합력하여 선을 이룬다는 것은, 결과적으로 항상 우리에게 유익이 되게 하신다는 뜻입니다.

● 고난을 당할 때 왜 기뻐하라고 하셨습니까?(마 5:11-12)

● 당신이 복음을 전하다가 당한 고난은 어떤 것입니까?

다같이 기도합시다

하나님 아버지, 고난에 대한 우리의 인식을 바꾸어 주시니 감사합니다. 언제든지 고난이 올까 두려워하며 살았는데 이제 믿음으로 고난을 맞기를 원합니다. 베드로의 권고처럼 시험이나 고난이 올 때 온전히 기뻐하는 신앙인이 되게 하여 주시옵소서. 예수님의 이름으로 기도드립니다. 아멘.

1. 반복하여 읽어봅시다.

"이를 위하여 너희가 부르심을 받았으니 그리스도도 너희를 위하여 고난을 받으사 너희에게 본을 끼쳐 그 자취를 따라오게 하려 하셨느니라"(벧전 2:21)

2. 지난 주 나의 생활 평가하기

100점 성도 : 주의 재림을 기다리며 항상 기도하며 살았습니다.

80점 성도 : 하나님의 자녀로서 주의 재림을 바라며 살았습니다.

60점 성도 : 하나님의 자녀로서 말세를 믿으며 살았습니다.

40점 성도 : 너무 바쁘게 살았지만 경건하게 살았습니다.

3. 실천합시다.

고난을 기쁨으로 받도록 노력합시다.

4. 기도 제목을 나눕시다.

구역 식구들과 함께 기도 제목을 서로 나누며 통성으로 기도합시다.

제45과
응답받는 기도를 드립시다

본문말씀 : 마태복음 7:7-11, 요한복음 15:7, 이사야 59:1-2, 마가복음 11:25 / **찬송** : 361, 539, 370장

기도의 사람 죠지 뮬러에게 어느 날 한 사람이 찾아와서 "고아원을 운영하려면 많은 재정이 필요할텐데 그 많은 돈을 어떻게 다 마련하였습니까?"라고 물었습니다. 뮬러는 그 사람을 조그만 방으로 데려가서 구멍이 난 24개의 방석을 보여주며 "이 방석의 구멍이 바로 돈이 나오는 구멍입니다."라고 대답하였다는 것입니다. 그 구멍은 뮬러가 매일 무릎을 꿇고 기도하다가 생긴 것이었습니다. 죠지 뮬러는 97년의 생애를 살면서 5만번 이상의 기도의 응답을 받아 9,975곳에 고아원을 설립하였습니다. 기도로 응답받은 모든 재정을 합산하면 약 100억원이 넘었다고 합니다. 우리 역시 그와 똑같은 기도의 응답을 체험할 수 있습니다.

1. 기도는 하나님 뜻에 맞게 해야 합니다.

우리는 기도할 때마다 우리가 기도한 그대로 하나님께서 응답해 주시기를 원하며 기도하지만, 하나님께서는 항상 우리가 기도한 대로 응답해 주지는 않습니다.

사도 바울이 가고자 했던 곳은 아시아였습니다(행 16:6-10). 분명히 선교의 일을 하는 것이 하나님의 뜻이고 좋은 일이었을텐데, 성령께서 그것을 왜 방해하셨을까요? 그것은 하나님께서 로마의 판도인 전 유럽을 먼저 복음화할 계획을 가지고 계셨기 때문입니다. 이처럼 우리가 기도해도 하나님의 뜻에 맞아야 기도의 응답이 있는 것입니다.

● 기도 응답에 대한 성경의 가르침은 무엇입니까?(렘 33:3; 롬 8:32)

● 다음의 성경구절들은 하나님께서 기도에 어떻게 응답해 주셨다는 것을 말해줍니까?(약 5:17-18; 요 6:11)

● 어떤 경우에 우리가 기도한 대로 응답해 주십니까?(요 14:13)

2. 기도의 응답은 다양합니다.

기도의 응답에는 우리가 기도한 대로 응답해 주시는 경우와 우리의 기도 제목이 하나님의 뜻에 합당하지 않을 때 주시는 경우가 있습니다. 그리고 시간이 필요하여 어느 정도 시간이 지난 다음에 응답해 주시는 경우와 우리가 기도한 것보다 더 좋은 것으로 주시는 경우가 있습니다. 이것들은 모두 다 우리를 사랑하시는 하나님의 다양한 응답들입니다.

● 기도의 응답을 받기 위해서는 어떻게 해야 할까요?(마 7:7-11; 요 15:7; 사 59:1-2; 막 11:25)

● 기도의 응답을 받기 위한 마음의 자세는 어떤 것이어야 합니까?(빌 4:6-7; 히 11:6)

3. 합심기도는 중요합니다.

성경에서는 하나가 천을 쫓지만 둘은 만을 쫓는다고 하였습니다. 합심해서 기도하면 하나님께서는 정말 놀라운 능력을 나타내십니다. 그리고 우리들은 다른 사람을 위하여 기도해 주어야 합니다. 그것이 절대적인 하나님의 뜻입니다. 비판하고 판단하고 저주하기 이전에 그를 위하여 어떻게 기도해 주었는가를 살펴보아야 할 것입니다. 또 우리는 우리의 사역자들과 우리를 가르치는 구역장들, 선교사들, 나라의 위정자들을 위해 끊임없이 기도해 주어야 합니다.

● 성경은 합심기도에 대해 어떻게 말씀하고 있습니까?(마 18:19)

● 사도 바울도 기도 부탁을 하였습니다. 그것은 어떤 것이었습니까?(골 4:2-3)

다같이 기도합시다

하나님 아버지, 오늘 기도에 대해 배웠습니다. 기도에 대한 우리의 인식을 바꾸어 주시니 감사합니다. 언제든지 기도함으로 하나님과 가까이 하게 해 주시고 믿음으로 항상 기도하게 하여 주시옵소서. 우리 교회와 목사님, 그리고 구역장들에게 힘과 능력을 주시기를 원합니다. 또한 선교사들에게 필요한 능력을 주시고 필요한 물질을 공급하여 선교 사역에 차질이 없게 하여 주시기를 기도합니다. 예수님의 이름으로 기도드립니다. 아멘.

1. 반복하여 읽어봅시다.
"구하라 그리하면 너희에게 주실 것이요 찾으라 그리하면 찾아낼 것이요 문을 두드리라 그리하면 너희에게 열릴 것이니 구하는 이마다 받을 것이요 찾는 이는 찾아낼 것이요 두드리는 이에게는 열릴 것이니라"(마 7:7-8)

2. 지난 주 나의 생활 평가하기
100점 성도 : 지난 주간 고난 속에서도 기뻐하며 살았습니다.
80점 성도 : 고난 속에서도 기도하며 살았습니다.
60점 성도 : 고난 속에서 이기는 법을 느끼며 살았습니다.
40점 성도 : 고난 속에서 살아야 한다고 생각하며 살았습니다.

3. 실천합시다.
구체적인 기도의 제목을 가지고 한 주간을 보냅시다.

4. 기도 제목을 나눕시다.
구역 식구들과 함께 기도 제목을 서로 나누며 통성으로 기도합시다.

제46과
전도의 열매를 맺읍시다

본문말씀 : 마가복음 6:7-13 / 찬송 : 353, 461, 323장

남에게 복음을 전한다는 것은 분명 쉬운 일은 아닙니다. 때로는 거센 반발에 부딪혀 답답하기도 하고 짜증나고 피곤하기도 합니다. 그러나 전도는 모든 희생을 무릅쓰고라도 할 만한 가치가 있는 귀중한 영적 사역입니다. 과연 성경에서는 전도에 대해 어떻게 가르치고 있을까요?

1. 전도는 꼭 해야 합니다.

당신이 다른 사람에게 베풀 수 있는 가장 큰 사랑은 무엇이겠습니까? 그것은 전도입니다. 성경에서 가장 강조하고 있는 것이 "말씀을 전파하라"는 것입니다. 바울은 복음을 전하지 않으면 자신에게 화가 임할 것이라고 하였습니다. 하지만 전도는 죽어가는 영혼을 살리는 기쁜 사역이며, 우리의 이웃을 향한 가장 큰 사랑의 표현입니다. 죽어가는 이에게 생명을 공급하는 것보다 더 중요하고 가치 있는 일은 없을 것이기 때문입니다.

● 전도를 해야만 하는 가장 큰 이유는 무엇입니까?(딤후 4:1-2; 단 12:3)

● 바울이 전도해야만 하는 또 다른 이유는 무엇일까요?(고후 5:14-15)

2. 상대를 이해하고 사랑해야 합니다.

당신은 전도할 때 무슨 말을 가장 먼저 시작합니까? 전도할 때 어떤 말을 먼저 시작하는 것이 가장 효과적일까요? 그것은 상황마다 다르고 사람마다 다를 것입니다. 그러나 경험에 의하면 상대방의 입장과 처지를 이해해 주는 말로 먼저 상대방의 마음 문을 여는 것이 더 중요하다는 것입니다. 다른 사람에게 복음을 전할 때 당신은 주로 어떤 마음으로 시작하십니까? 부정적인 마음이나 생각들입니까? 아니면 긍정적인 마음이나 생각들입니까? 우리는 어떤 마음을 가지고 전도를 시작하여야 할까요?

● 예수님께서 제자들을 전도하러 보내셨을 때에 왜 둘씩 짝을 지어 보냈다고 생각하십니까?(막 6:7)

● 예수님께서 사마리아 여인에게 접근하실 때 어떤 대화를 가장 먼저 시작하셨습니까?(요 4:7)

3. 성령님의 전적인 도우심이 필요합니다.

당신은 당신 주위의 사람들에게 얼마나 복음의 빛을 잘 비추고 있다고 생각하십니까? 그리고 그러기 위해서 당신이 노력해야 할 점은 무엇이겠습니까? 똑같은 내용물이더라도 포장을 하기에 따라 달라집니다. 우리의 복음의 대상인 사람들은 여러 가지 부류로 나뉘어져 있습니다. 그들 모두의 입맛을 맞출 수는 없다 하더라도 그들에게 쉽게 접근할 수 있는 방법이 필요합니다.

그리고 전도는 치열한 영적 전쟁입니다. 우리가 최종적으로 승리하기 위해서는 무엇보다도 성령님의 전적인 능력이 필요합니다. 왜냐하면 전도를 시작하시는 분도 그 열매를 책임지시는 분도 성령님이시기 때문입니다. 그러므로 끊임없는 기도와 간구는 전도자의 필수적인 무기입니다.

그리고 전도자는 신앙인다운 모범을 보여 주어야 합니다. 왜냐하면 세상 사람들은 우리의 말보다 우리의 생활에 더 쉽게 영향을 받기 때문입니다.

● 초대교회 성도들이 담대하게 복음을 전할 수 있었던 이유는 무엇이었습니까?(행 4:31)

● 전도할 때 성령님께서는 어떤 일을 하십니까?(요 15:26)

● 전도할 때 우리가 주의하여야 할 점은 무엇입니까?(마 5:16)

다같이 기도합시다

하나님 아버지, 오늘 전도에 대해 배웠습니다. 전도의 중요성을 깨닫게 하시니 감사합니다. 때를 얻든지 못 얻든지 전도함으로 하나님께 영광 돌리게 하여 주시고 믿음으로 항상 전도를 위해 기도하게 하여 주시옵소서. 예수님의 이름으로 기도드립니다. 아멘.

1. 반복하여 읽어봅시다.
"열두 제자를 부르사 둘씩 둘씩 보내시며 더러운 귀신을 제어하는 권능을 주시고 명하시되 여행을 위하여 지팡이 외에는 양식이나 배낭이나 전대의 돈이나 아무것도 가지지 말며"(막 6:7-8)

2. 지난 주 나의 생활 평가하기
100점 성도 : 지난 주간에 구체적으로 기도하는 가운데 응답을 체험했습니다.
80점 성도 : 구체적인 기도를 하며 살았습니다.
60점 성도 : 기도의 중요성을 느끼며 살았습니다.
40점 성도 : 기도할 필요를 늘 느끼며 살았습니다.

3. 실천합시다.
구체적인 전도의 실천을 위해 한 주간을 보냅시다.

4. 기도 제목을 나눕시다.
구역 식구들과 함께 기도 제목을 서로 나누며 통성으로 기도합시다.

제47과
즐거운 마음으로 헌금합시다

본문말씀 : 누가복음 7:36-50 / 찬송 : 88, 496, 321장

록펠러는 8살 때 어머니가 돌아가셨는데, 그때 어머니에게 3가지의 유언을 들었습니다. "교회에서는 맨 앞자리에 앉아라. 십일조를 꼭 드려라. 목사님 말씀을 하나님 말씀으로 들어라." 어린 록펠러가 어머니의 유언대로 열심히 신앙생활을 하는데, 11살이 되어 교회에서 성전 건축 헌금을 하게 되었습니다. 록펠러가 자기의 전 재산을 털었으나 21센트였습니다. 그 돈을 드리면서 "하나님, 지금은 제가 돈이 없어서 21센트밖에 못 드리지만 하나님께서 저를 부자되게 해 주시면서 세계에서 제일 좋은 교회를 지어 하나님께 봉헌하겠습니다." 하고 하나님께 서원했습니다.

이 어린 소년의 기도를 하나님은 잊지 않으셨습니다. 그에게 엄청난 복을 주셔서 세계적인 부자가 되게 하셨습니다. 11살 때의 서원 기도를 잊지 않았던 그는 맨해튼 중심가 제일 높은 곳에다 세계에서 가장 아름다운 교회를 지어서 하나님께 봉헌했습니다.

1. 헌금은 하나님의 것을 드리는 것입니다.

하나님께서는 우리를 위하여 당신의 독생자까지도 아낌없이 주셨습니다. 우리가 헌금을 드리는 것은 이에 대한 가시적인 감사의 표시입니다. 그리고 우리가 받은 은혜를 생각할 때 너무나 당연한 것입니다. 그러나 우리는 너무나 당연한 것을 인색하게 드린 것을 깨닫게 됩니다. 또한 헌금은 우리가 하나님으로부터 받은 것에서 일부를 드리는 것입니다. 따지고 보면 우리의 모든 것이 하나님의 것임에도 불구하고 말입니다.

● 헌금이란 어떤 의미가 있습니까?(마 22:21) 여기서 말하는 "하나님의 것"에서 당신에게 해당되는 것은 어떤 것들이 있습니까?

2. 감사한 마음으로 헌금해야 합니다.

우리들은 헌금을 할 때 내 것을 하나님께 드린다고 생각합니다. 그러나 이에 대한 성경의 가르침은, 우리들이 가진 모든 것은 하나님께로부터 받은 것이라고 합니다. 우리는 단지 하나님께서 맡겨주신 것들을 관리하고 있는 것일 뿐입니다. 따라서 하나님의 필요에 의해 내가 가진 물질을 사용하는 것은 너무나 당연한 일입니다. 우리는 언제나 기쁘고 감사한 마음으로 하나님께 헌금을 드려야 하겠습니다. 그것은 하나님께로부터 왔다고 하는 고백입니다(대상 29:14). 하나님의 전을 건축하기 위한 다윗의 열심과 헌신을 성경에서는 어떻게 표현하고 있습니까? 모두가 하나님의 것이라고 고백하고 있습니다(대상 29:1-5). 다윗의 헌금하는 자세를 보고 헌금에 대한 올바른 자세를 서로 돌아가며 발표해 봅시다.

● 헌금하는 자의 자세는 어떠해야 합니까?(고후 9:7)

● 예수님께서 기뻐하시는 헌금은 어떤 것입니까?(막 12:44)

● 초대교회 성도들은 어떻게 헌금을 하였습니까?(행 4:32)

3. 하나님께 먼저 드려야 합니다.

우리는 우리가 가진 모든 것을 다 하나님을 위해 사용해야 하지만 특별히 십일조를 구별하여 드려야 합니다. 그렇게 드려진 십일조는 각 교회의 운영이나 우리들의 목자인 사역자들의 후원에 사용될 것입니다. 또한 선교를 위한 특별한 헌금도 필요합니다. 우리가 먼저 드려야 하나님께서는 선교사역에 필요한 많은 것들을 다시 우리들에게 채워주실 것입니다.

　우리가 절대로 하나님을 시험해서는 안되겠지만 하나님께서는 "나를 시험해 보라"고 말씀하십니다. 그것은 하나님께서 먼저 드리는 자에게 꼭 갚아 주시겠다는 강력한 표현입니다. 우리가 하나님께 드리면 하나님께서는 반드시 갚아 주십니다.

● 우리가 가진 것 전부가 하나님의 것이지만 특별히 구별하여 드려야 할 것은 무엇입니까?(레 27:30)

● 빌립보 교인들은 바울의 선교사역에 어떻게 참여하였습니까?(빌 4:15-16)

다같이 기도합시다

하나님 아버지, 우리가 즐거운 마음으로 드리지 못했음을 고백합니다. 이제 헌금의 중요성을 깨닫게 하시니 감사합니다. 언제든지 주를 위해 즐거운 마음으로 드릴 수 있도록 도와주십시오. 이 헌금이 생명을 살리는 일에 잘 쓰이게 하여 주시옵소서. 예수님의 이름으로 기도드립니다. 아멘.

1. 반복하여 읽어봅시다.
"이러므로 내가 네게 말하노니 그의 많은 죄가 사하여졌도다 이는 그의 사랑함이 많음이라 사함을 받은 일이 적은 자는 적게 사랑하느니라"(눅 7:47)

2. 지난 주 나의 생활 평가하기
100점 성도 : 지난 주간 한 생명을 구원하기 위해 전도하는 가운데 영혼을 구원하시는 하나님을 체험했습니다.
80점 성도 : 만나는 사람마다 전도를 하며 살았습니다.
60점 성도 : 전도의 중요성을 느끼며 살았습니다.
40점 성도 : 전도할 필요를 느끼며 살았습니다.

3. 실천합시다.
구체적인 헌금의 실천을 위해 기도하며 준비합시다.

4. 기도 제목을 나눕시다.
구역 식구들과 함께 기도 제목을 서로 나누며 통성으로 기도합시다.

12월
마무리 하는 달

"너희 안에서 착한 일을 시작하신 이가
그리스도 예수의 날까지 이루실 줄을
우리는 확신하노라"

(빌 1:6)

제48과
항상 기쁘게 삽시다

본문말씀 : 빌립보서 4:4-9 / 찬송 : 199, 202, 200장

내가 누군가와 불화하게 되면, 그 때부터 우리 마음의 기쁨은 사라지게 됩니다. 눈 속에 티끌이 들어가면 하루 종일 눈이 아프고 눈물이 나며 마음이 괴로운 것처럼 분쟁이 있는 곳에는 슬픔이 있습니다. 그리고 다른 사람과 전쟁하는 마음은 늘 우울함으로 시달리게 되는 것입니다.

그러나 사랑이 있는 마음에는 언제나 잔치가 있습니다. 바울은 기뻐하라고 합니다. 널리 이해하는 관용의 마음을 가지고 살라고 합니다. 그러면 마음에 평강이 생길 것이라고 합니다.

1. 관용해야 합니다.

마음의 기쁨을 얻는 방법 중에 특별히 '관용'이 제시됩니다. 관용이란 널리 이해하는 마음, 친절한 마음, 동정심, 관대한 마음, 아량 있게 용서하는 마음을 갖는 것입니다. 용감하게 대답해 봅시다. 당신은 마음이 넓은 사람 중에 속합니까?

어느 날 전철을 타고 가는데 누군가 실수로 당신의 발을 으스러지는 듯한 고통을 안기며 밟았습니다. 신경질이 나서 누군가하고 휙 돌아보니 아주 예쁘게 생긴, 미모의 여인, 혹은 남자가 씩 웃으며 미안하다는 듯이 표정을 짓습니다. 당신이 그에게 해줄 수 있는 말은 어떤 것이 있을까요?

그런데 그 다음날 똑같은 일이 생겼는데, 이번엔 얼굴이 민주주의로 생기고 몸매가 몹시 둔탁한 여자, 혹은 남자가 껌을 씹으며, 어깨에 허연 비듬을 떨어뜨린 채, 코털이 보기 싫게 밖으로 1센티 가량 삐져 나온 여자,

혹은 남자가 서 있었습니다. 당신이 보일 수 있는 반응은 어떠합니까? 우리는 관용해야 합니다.

2. 희생해야 합니다.

예수님은 희생적 역설을 말씀하였습니다. 안 그런 것 같은데 정말 그런 것입니다. 머리 법칙이 있습니다. 으뜸이 되려면 종이 되어야 합니다.
입의 법칙이 있습니다. 쓴 잔을 마시면 달아집니다.
어깨의 법칙이 있습니다. 멍에를 메면 쉼을 얻습니다.
손의 법칙이 있습니다. 주면 흔들어 넘치게 됩니다.
몸의 법칙이 있습니다. 죽으면 삽니다.

● 우리가 기쁨과 평안을 얻을 수 있는 근거는 어디에 있습니까?(6-7절)

3. 평안을 누려야 합니다.

우리의 삶 가운데서 적극적인 기쁨을 누리는 방법과 소극적인 기쁨을 누리는 방법이 있습니다. 적극적인 기쁨을 누리는 방법 중의 가장 중요한 것은 즐거운 마음으로 남의 십자가와 짐을 져주는 것입니다.
　선창가에 저녁 노을이 찾아들면 어부들은 자기의 배를 물이 얕은 곳에다 대고 밧줄을 육지에 있는 기둥에 묶어 놓습니다. 바다가 잔잔할 때에는 그냥 밤을 지내지만 태풍의 조짐이 보이거나 파도가 거세게 몰아 닥칠 때는 밤중이라도 선주는 일어나 자기의 배를 안전한 다른 곳으로 옮깁니다. 우리 생각에는 배를 파도가 미치지 않는 안전한 육지로 끌어올릴 것 같지만 사실은 그 반대로 배를 몰고 더 깊은 바닷속으로 들어갑니다. 배가 깊은 바다 위에 떠 있기에 충분할 만큼 밧줄을 길게 늘리고 닻을 내려놓습니다. 그러면 파도가 아무리 거세게 밀려와도 배가 물가로 밀려오지 않습니다. 태풍이 지나간 다음 바닷가에 나가보면 깊은 바다에 띄워놓은 배는 피해가 없습니다. 그러나 미처 손을 쓰지 못하고 얕은 바다에 그대로 내버려 둔 배는 파도에 박살이 나 있는 경우를 봅니다. 깊은 바다에 띄워놓은 배는 산더미 같은 파도가 밀려와도 유유히 파도를 타고 온전한 모습으로 그 자리를 지키고 있습니다.

　우리는 여기서 중요한 진리를 발견하게 됩니다. 마음의 평안은 깊이 들어가는 데 있다는 사실입니다.

● 적극적인 기쁨을 누리려면 어떻게 해야 한다고 생각하십니까?

다같이 기도합시다

하나님 아버지, 주님 주시는 참된 기쁨만 가득하기를 원합니다. 매일의 삶이 어려워도 적극적인 기쁨만 가득하도록 항상 주의 인도를 받으며 살게 하여 주시옵소서. 예수님의 이름으로 기도드립니다. 아멘.

1. 반복하여 읽어봅시다.
"주 안에서 항상 기뻐하라 내가 다시 말하노니 기뻐하라"(빌 4:4)

2. 지난 주 나의 생활 평가하기
100점 성도 : 즐거운 마음으로 주께 드리며 살았습니다.
80점 성도 : 주는 삶의 즐거움을 조금 체험했습니다.
60점 성도 : 헌금의 중요성을 느끼며 살았습니다.
40점 성도 : 헌금할 필요를 느끼며 살았습니다.

3. 실천합시다.
이번 주에는 기쁨의 근원 되시는 주님과 동행하는 한 주간이 됩시다.

4. 기도 제목을 나눕시다.
구역 식구들과 함께 기도 제목을 서로 나누며 통성으로 기도합시다.

제49과
청지기의 삶을 삽시다

본문말씀 : 마태복음 24:45-51 / 찬송 : 323, 216, 269장

우리의 삶은 우리 자신들만의 것이 결코 아닙니다. 그리고 우리가 소유하고 있는 모든 시간, 물질, 청춘, 건강, 가족과 친구 등은 나 자신만의 것이 아닙니다. 이런 것들은 하나님께서 원하시는 일을 위해 우리에게 위탁한 것일 뿐입니다. 그러므로 우리는 내가 가진 모든 것들을 가지고 하나님께서 원하시는 삶을 살아야 하는데, 이것이 바로 청지기적 삶입니다. 우리는 과연 어떻게 하나님께서 원하시는 청지기적 삶을 살아가야 할까요?

1. 청지기적 삶의 자세를 가져야 합니다.

우리는 하나님으로부터 많은 것들을 위탁받았습니다. 그러므로 그것들을 통하여 하나님께 영광을 돌리고 많은 열매를 맺을 때 하나님께서는 우리를 칭찬하실 것입니다. 반면에 받은 것을 사장시켜 놓고 아무런 결과를 맺지 못하면 우리의 주인인 하나님으로부터 심판을 받게 됩니다.

● 청지기의 임무는 어떤 것입니까? 주인은 청지기가 어떻게 하는 것을 기뻐합니까?(마 24:45-46)

● 당신이 하나님으로부터 받은 것들은 무엇이라고 생각합니까?

224

● 청지기는 어떤 삶의 자세를 가져야 합니까?(롬 12:11; 살전 2:4)

2. 시간을 아껴야 합니다.

하나님께서는 누구에게나 공평하게 시간을 주셨습니다. 우리가 이 시간을 어떻게 잘 아껴 사용하느냐에 따라 인생을 성공하며 하나님을 위해 살 수도 있고 실패자가 될 수도 있습니다. 시간을 아끼기 위해서 가장 중요한 것은, 시간을 아껴 하나님이 원하시는 것을 하겠다는 마음의 자세와 하나님의 뜻을 아는 것입니다. 세상일이란 결국 모두 하나님의 뜻 가운데 진행되기 때문에, 하나님께서 원하는 대로 하는 것이 결국은 시간을 아끼는 것이 됩니다. 청지기는 다른 무엇보다 시간을 절약하여 잘 사용해야 하겠습니다.

● 당신으로 하여금 시간을 낭비하게 하는 요소들은 무엇입니까?

● 시간을 아끼기 위해서는 어떻게 해야 합니까?(롬 12:2; 빌 1:10)

3. 물질관리를 잘 해야 합니다.

하나님께서는 자기가 받은 물질을 어떻게 사용해야 하는지를 알려주셨습니다(눅 12:16-21). 하나님께서는 성도들이 물질을 어떻게 사용하느냐에 따라 그 사람의 신앙을 판단하십니다. 그러므로 우리는 먼저 정당한 방법으로 돈을 벌어야 하고, 그 번 돈은 내 자신만을 위하여 사용하지 않아야 합니다. 헌금, 선교사 후원, 사역자 후원, 가난한 자를 위한 구제 등에 써야 합니다.

하나님께서 가장 원하시는 것은 다른 무엇보다 나 자신의 몸을 드리는 것입니다. 물론 우리는 불에 태워 우리 자신을 하나님께 드리지는 않습니다. 그러나 하나님께서 원하시는 대로 이 세상을 살아가고, 복음을 전하고 선교하면서 살면 우리의 몸을 산 제사로 드리는 것입니다. 우리 각자의 신분이 무엇이든 간에 온전히 하나님께 드려지는 청지기적 삶을 살 수 있도록 해야 하겠습니다.

● 청지기인 신앙인들에게 있어 물질의 사용이 왜 중요합니까?(마 6:21)

● 우리가 가진 모든 물질은 하나님께서 주신 것입니다. 우리는 하나님께 받은 물질을 어떻게 사용해야 합니까?(잠 11:24-25)

다같이 기도합시다

하나님 아버지, 오늘 청지기의 삶에 대해 배웠습니다. 우리가 즐거운 마음으로 주의 만물을 바라보고 살지 못하였음을 용서하여 주시옵소서. 이 세상은 잠시 우리에게 맡기신 것임을 깨닫고 선용하며 살기를 원합니다. 예수님의 이름으로 기도드립니다. 아멘.

1. 반복하여 읽어봅시다.

"충성되고 지혜 있는 종이 되어 주인에게 그 집 사람들을 맡아 때를 따라 양식을 나눠 줄 자가 누구냐 주인이 올 때에 그 종이 이렇게 하는 것을 보면 그 종이 복이 있으리로다"(마 24:45-46)

2. 지난 주 나의 생활 평가하기

100점 성도 : 그리스도 안에서 항상 기쁨 가운데 살았습니다.
80점 성도 : 그리스도 안에서 기쁨을 경험했습니다.
60점 성도 : 기쁨의 필요성을 느끼며 살았습니다.
40점 성도 : 기쁨의 중요성을 느끼며 살았습니다.

3. 실천합시다.

청지기로서 나의 삶을 드리는 것이 무엇인지 생각하며 한 주간을 보내기를 원합니다.

4. 기도 제목을 나눕시다.

구역 식구들과 함께 기도 제목을 서로 나누며 통성으로 기도합시다.

제50과
섬김의 도를 실천합시다

본문말씀 : 빌립보서 2:19-30 / 찬송 : 563, 304, 94장

세상에 평화만 있었으면 좋겠습니다. 모든 사람들이 서로 대립하지 않고 서로를 위해주면서 정감 넘치게 한 가족처럼 살아갈 수만 있다면 얼마나 좋겠습니까? 그런데 현실이 그렇지 않다는 것이 슬픕니다. 평화는 하나의 이상에 불과할 뿐, 사람들은 서로 화목하기보다는 싸우기 좋아하고 다른 사람들이 나보다 월등해지는 것을 참지 못하며 서로에게 악한 감정을 품고 반목하기를 일삼습니다.

빌립보 교인들은 바울이 투옥되었다는 소식을 듣자, 그들 중 에바브로디도라 이름하는 사람을 헌금과 함께 바울에게로 보냈습니다. 어떤 면에서건 바울에게 필요한 것들을 돕는 것이 그의 임무였습니다. 그 후 에바브로디도는 빌립보 교회에 바울의 편지를 전하기 위해 고향으로 되돌아왔습니다.

편지의 이 부분에서 바울은 자신의 장래 계획을 설계하고, 그가 왜 에바브로디도를 보내는지를 설명합니다.

본문을 통해 우리는 디모데, 에바브로디도, 바울, 그리고 빌립보 교인들의 삶 속에 나타난 그리스도인의 섬김에 대한 아름다운 모습을 발견할 수 있게 됩니다.

1. 그리스도인은 섬기는 종입니다.

디모데는 바울과 함께 고난을 받으면서 복음을 전하는데 수종을 든 신실한 일꾼이었습니다. 주님의 일을 하는 데는 수고가 뒤따르게 됩니다. 바울은 특별히 디모데를 신뢰하여, 빌립보 교회의 어려운 상황을 잘 아는 디모데로 하여금 그들을 위로하며 돌보는 데 유일한 적임자로 생각했던 것입니다.

● 바울이 디모데를 보낼 수 밖에 없었던 상황은 무엇입니까?(20-21절)

● 디모데는 어떤 면에서 훌륭한 사람이었습니까?(빌 2:22; 딤후 1:5; 롬 16:2; 고전 4:17)

2. 끝까지 섬겨야 합니다.

바울은 디모데를 보내기 이전에 우선 에바브로디도를 보내야 할 필요성을 설명하고 있습니다. 에바브로디도는 투옥된 바울을 위하여 시중을 들고 함께 있어주도록 파송된 빌립보 교회의 사자였습니다.

에바브로디도는 빌립보 교회가 보낸 위문품을 가지고 와서 바울을 시중 들고 복음사역에 동참하던 중 심하게 병들어 고생하다가 다시 회복되어 이제 바울의 편지를 가지고 빌립보로 돌아오게 되었습니다.

● 에바브로디도에게서 배울 수 있는 섬김의 도를 말해보십시오(25절).

● 30절을 읽고, 에바브로디도의 신앙을 평가한 후, 당신이 주님을 위해서 지금 즉시 어떤 일들을 할 것인지 당신의 신앙적 각오를 피력해 봅시다.

3. 교회가 변해야 합니다.

교회는 평화가 있어야 합니다. 교회는 내가 남을 다스리거나 지배하고 억압하는 곳이 되어서는 안 됩니다. 반대로 내가 남을 섬기는 곳이어야 합니다. 은혜로우신 하나님 앞에서 성도는 서로의 다스림을 받는 존재입니다. 우리 모두는 서로 평화롭게 살아가며 사랑의 하모니를 이루어야 합니다. 이기적인 야심을 버리고 나만 생각하는 마음을 배제하고 나의 권리를 남에게 나누어주는 아량이 있는 곳이 바로 교회가 되어야 합니다.

이러한 평화의 사람들이 되기 위하여 우리는 다른 것보다 서로 섬기는 정신을 배워야 합니다. 기독교인으로서 남을 섬기는 정신을 철저히 배워야 합니다. 그렇지 못하고 직분을 맡게 되면 어떤 일이 발생하게 됩니까? 내 직분을 이용하여 자신의 영예를 추구하게 됩니다. 그리고 교회 직분을 벼슬로 생각하고 허세를 부리는 신앙적 기형아가 탄생하게 됩니다.

다같이 기도합시다

하나님 아버지, 오늘 섬김의 도에 대해서 함께 말씀을 나누었습니다. 섬기며 사는 것이 쉽지는 않습니다. 하지만 무엇보다 먼저 주님의 섬김을 다시 한번 깨닫고 또한 디모데와 에바브로디도의 자세 속에서 오늘 우리의 모습을 생각합니다. 항상 섬김의 도를 실천하며 살기를 원하며 예수님의 이름으로 기도드립니다. 아멘.

1. 반복하여 읽어봅시다.
"그러나 에바브로디도를 너희에게 보내는 것이 필요한 줄로 생각하노니 그는 나의 형제요 함께 수고하고 함께 군사 된 자요 너희 사자로 내가 쓸 것을 돕는 자라"(빌 2:25)

2. 지난 주 나의 생활 평가하기
100점 성도 : 지난 주간 즐거운 마음으로 청지기로 살았습니다.
80점 성도 : 청지기로서 주는 삶의 즐거움을 체험했습니다.
60점 성도 : 청지기로서의 삶의 중요성을 느끼며 살았습니다.
40점 성도 : 청지기로 살려고 생각하며 살았습니다.

3. 실천합시다.
섬기는 자로 한 주간을 보내기를 바랍니다.

4. 기도 제목을 나눕시다.
구역 식구들과 함께 기도 제목을 서로 나누며 통성으로 기도합시다.

제51과
하나님이 쓰시는 사람이 됩시다

본문말씀 : 마가복음 16:15-18 / 찬송 : 28, 429, 438장

매우 추운 날 새벽 3시, 선교사 지망자가 면접시험을 치르기 위해 선교국에 찾아왔으나 미리 약속이 되었던 시험관은 아침 8시에 어슬렁어슬렁 나타났습니다. 한 마디 사과도 없이 시험관은 "자! 시작해 볼까요?" 라고 하고서는 "학교(school)라는 단어의 철자를 말해보시오."라고 말했습니다. 지망생은 초등학생들에게 하는 질문 같은 것에 답변을 했습니다. 시험관은 "좋소, 그러면 숫자에 대해서 물어봅시다. 2의 두 배는 얼마요?" "4입니다." 시험관이 자리를 툭툭 털고 일어나며 지망생에게 말했습니다. "참좋습니다. 잘 하셨습니다. 당신은 합격되었습니다. 당신은 선교위원회의 시험에 합격했으므로 내일 아침 선교사로 임명할 것을 건의하겠습니다."

다음 날 아침 시험관은 선교위원회에서 그를 극구 칭찬하며 그가 선교사로서의 자격이 충분함을 네 가지로 요약해 설명했습니다. "첫째, 극기시험에 합격입니다. 추운 날 새벽 3시에 오라고 했는데 아무런 불평이 없었습니다. 둘째, 그는 시간을 엄수했습니다. 그래서 신뢰와 약속의 시험에 합격입니다. 셋째, 다섯 시간을 기다리는 인내의 시험에 합격했습니다. 넷째, 어린이 시험문제로 시험을 보는데도 기분 나쁜 표정 한 번 짓지 않아 겸손의 시험에도 합격했습니다. 우리가 요구하는 선교사로서의 자격 요건을 다 갖추었으므로 기꺼이 선교사로 보낼 것을 추천합니다."

이 세상은 그리스도인들의 시험장입니다. 언제 어떤 문제로 시험을 치르게 될지 모릅니다. 남을 이롭게 하는 시험, 인내의 시험, 겸손의 시험, 신뢰의 시험, 사랑의 실천 시험 등 우리가 제대로 쓰임 받기 위해선 부지불식간에 치러지는 이런 주님의 시험에 합격해야 합니다. 이 선교사 지망

생과 같이 느닷없는 상황 속에 처해졌을 때 당신의 반응은 어떨 것 같습니까? 우리의 인격과 됨됨이는 이와 같은 데서 평가됩니다. 그리고 그 그릇에 따라 쓰임받게 됩니다.

2. 예수의 능력을 정확히 알아야 합니다.

하나님의 종된 자에게는 하나님께서 능력을 주십니다(막 16:15-18). 왜냐하면 하나님의 일은 인간의 능력으로서는 감당할 수 없기 때문입니다. 우리가 예수님 안에 거할 때에 예수님은 우리에게 능력을 더하여 주시고, 세상을 이길 힘을 주시는 것입니다. 그래서 예수님도 "믿는 자에게는 능치못할 일이 없느니라"고 말씀하셨습니다. 이 능력은 곧 성령님을 통하여 우리에게 허락되어집니다.

● 하나님의 일꾼에게는 어떻게 권능이 임합니까?(행 1:8)

● 원수와 싸우는 우리에게 주님은 원수를 제어할 권세를 주셨는데, 누구의 이름으로 말미암는 것입니까?(행 9:20-22)

3. 성경을 정확히 알아야 합니다.

인간의 이성에 의해 복음의 본질을 철학적, 종교적, 윤리 도덕적으로 보려고 하는 눈이 있습니다. 또 우리가 살아가면서 이생의 염려와 근심 때문에 복음이 항상 잘못 이해됩니다. 그뿐입니까? 사탄은 끊임없이 복음의 전파를 막고 있습니다. 이때 우리가 할 수 있는 일은 무엇이겠습니까? 성령의 감동으로 성경을 정확하게 이해하는 것입니다. 우리가 주의 쓰시는 일꾼이 되기에 앞서 하나님이 쓰시는 사람은 어떤 사람인지 짚고 넘어가야 할 필요가 있습니다.

다같이 기도합시다

하나님 아버지, 하나님께서 쓰시는 사람은 다름 아닌 복음의 사람임을 깨닫게 하시니 감사합니다. 지난 한 해 동안 주께 쓰임 받았으나 부족한 것이 많았습니다. 이제 한 해가 지나갑니다. 새해에는 주께 더욱 쓰임받는 종이 되길 원합니다. 말씀을 통하여 영의 양식을 공급받게 하시고 교회를 통하여 그리스도의 충성된 일꾼이 되게 하여 주시옵소서. 예수님의 이름으로 기도드립니다. 아멘.

1. 반복하여 읽어봅시다.
"또 이르시되 너희는 온 천하에 다니며 만민에게 복음을 전파하라"(막 16:15)

2. 지난 주 나의 생활 평가하기
100점 성도 : 지난 주간 즐거운 마음으로 섬기며 살았습니다.
80점 성도 : 섬기는 삶의 즐거움을 체험했습니다.
60점 성도 : 섬기는 자로서의 삶의 중요성을 느끼며 살았습니다.
40점 성도 : 섬기며 살려고 생각하며 살았습니다.

3. 실천합시다.
하나님께 쓰임받는 일꾼이 되기를 사모하며 한 주간을 보내기를 바랍니다.

4. 기도 제목을 나눕시다.
구역 식구들과 함께 기도 제목을 서로 나누며 통성으로 기도합시다.

제52과
교회를 바로 세웁시다

본문말씀 : 고린도전서 1:2-12 / 찬송 : 552, 301, 435장

한 해의 마지막 주간입니다. 지난 52주 동안 구역예배에 열심을 내어 주시고 함께 기도하여 주셔서 감사합니다. 의미 있는 결산이 있기를 바라며, 구역원 여러분들의 가정에 하나님의 축복이 넘치기를 기도합니다.

신약성서에 나타난 교회는 크게 두 가지로 구분될 수 있습니다. 하나는 모든 믿는 자들로 구성된 그리스도의 몸으로서, 2천 년 전 오순절 성령강림 이후 주님께서 다시 오시는 그날까지 모든 믿는 자들의 우주적 교회이며, 또 다른 하나는 특정지역에서 특정 신자들로 구성된 지역교회를 뜻합니다.

1. 교회는 그리스도의 몸입니다.

교회라는 단어는 헬라어의 '에클레시아'를 번역한 것으로서, 이 단어는 사람들의 회합(會合) 또는 무리를 뜻하고, 문자적 의미로는 '불러낸 자들'이라는 뜻이 있습니다. 따라서 교회란 "세상의 죄로부터 불러낸 자들로 구성된 무리"로 설명될 수 있습니다. 또 성경은 교회를 그리스도의 몸으로 표현하여, 그 몸된 교회의 머리가 그리스도이심을 가르쳐 줍니다.

그리고 교회의 근거는 고린도전서 1:2에 보면, "고린도에 있는 하나님의 교회 곧 그리스도 예수 안에서 거룩하여지고 성도라 부르심을 입은 자들과 또 각처에서 우리의 주 곧 저희와 우리의 주 되신 예수 그리스도의 이름을 부르는 모든 자들에게" 라고 했습니다.

교회는 예수 그리스도를 개인의 구세주로 영접하고 예수님의 명령에 순

종하여 세례를 받은 자들로 구성됩니다.

예수 그리스도를 개인의 구세주로 믿는 일과 마음속에 모셔들이는 일을 하지 않은 사람은 아무리 오랫동안 교회에 출석했다 할지라도 그리스도의 몸에 속하지 않았으므로 교인이 될 수 없습니다.

또 예수 그리스도를 믿는다 할지라도 증인들 앞에서 신앙을 고백하는 세례를 받지 않는다면 그 사람의 신앙을 객관적으로 인정할 방법이 없으므로 개교회 교인으로 받아들이기 어렵습니다.

● 여기에서 교회의 근거가 되는 것들에는 어떤 것들이 있는지 말해 봅시다.

● 에베소서 5:23에서 "이는 남편이 아내의 머리됨이 그리스도께서 교회의 머리 됨과 같음이니 그가 친히 몸의 구주시니라"고 했는데, 그렇다면 몸은 누구를 의 미하는 것입니까?

2. 교회는 복음전도와 제자 훈련을 담당해야 합니다.

교회가 세상에 존재하는 목적은 크게 두 가지로 말할 수 있습니다. 하나는 그리스도의 복음을 세상에 전파하는 복음전도이고, 또 하나는 그리스도인 들을 그의 제자로 훈련시키는 일입니다.

교회의 기능은 무엇입니까? 그것은 예배(행 2:46; 요 4:23-24), 선포 와 전도(마 28:19-20; 눅 24:46-48), 교육과 훈련(딤후 3:16), 봉사(벧전 4:10)로 요약할 수 있습니다.

3. 교회는 사람을 사랑해야 합니다.

최근 기업에서는 잘 만드는 것도 중요하지만 이제는 잘 파는 능력이 중요하다는 개념이 커지고 있습니다. "만드는 것은 누구나 할 수 있지만 파는 것은 아무나 할 수 없다. 결국 파는 기술이 최고의 기술이다." 이런 관점들이 점차 설득력을 지니게 되었습니다.

그렇다면 마케팅을 성공시킬 수 있는 요인은 무엇일까요? 마케팅 분야에서 탁월한 연구 업적을 가진 하버드 대학의 테오도르 레버트 교수는 그것을 '마케팅 상상력'이라고 말하고 있습니다.

충분한 상상력을 통해서 나타난 아이디어는 발전의 원동력입니다. 발전은 상상력에서 시작되고 행동으로 실현된다는 말이 있습니다. 그러니까 상상이라는 원료가 공급될 때만 행동이 성과를 얻게 된다는 얘기입니다.

하나님은 교회를 통하여 온 세상을 구원하시기로 작정하셨습니다. 그런 면에서 본다면 교회에서 가장 어려운 일은 전도입니다. 하지만 전도하는 일도 상상력을 총동원하면 그리 어려운 것이 아닙니다. 문제는 얼마나 사람을 사랑하느냐는 것입니다. 사랑하면 방법이 나옵니다.

다같이 기도합시다

하나님 아버지, 하나님께서 교회를 통하여 온 세상을 구원하시는 것을 깨닫습니다.복음을 맡은 교회를 축복하사 흠이나 주름이 없이 온전하게 해주시고 복음전도에 더욱 매진하는 교회들이 되게 하여 주시옵소서. 예수님의 이름으로 기도드립니다. 아멘.

1. 반복하여 읽어봅시다.

"고린도에 있는 하나님의 교회 곧 그리스도 예수 안에서 거룩하여지고 성도라 부르심을 받은 자들과 또 각처에서 우리의 주 곧 그들과 우리의 주 되신 예수 그리스도의 이름을 부르는 모든 자들에게"(고전 1:2)

2. 지난 주 나의 생활 평가하기

100점 성도 : 지난 주간 일꾼의 책임을 다하며 살았습니다.
80점 성도 : 일꾼으로서 봉사하며 산 한 주간이었습니다.
60점 성도 : 일꾼됨의 중요성을 체험하며 살았습니다.
40점 성도 : 일꾼됨의 중요성을 생각하며 살았습니다.

3. 실천합시다.

하나님께서 우리 교회를 통하여 일하시도록 기도하며 새해를 준비합시다.

4. 기도 제목을 나눕시다.

구역 식구들과 함께 기도 제목을 서로 나누며 통성으로 기도합시다.